店を伸ばす
自分を磨く
仕事のやり方

五十嵐茂樹 著

飲食店で
働く人たちへ
1分間
メッセージ

旭屋出版

目次

■第三部　飲食企業の幹部になったら……120

人生の主役は、

私はこれまでに5社の事業再生に携わってきた。
5社には、中小企業から一部上場企業まであったが、事業を再生することにおいては、その企業規模の大小は、私にはあまり関係のない話である。
いつも思うことは、どんな企業であったとしても、それを再生し、その結果として社員の人たちを幸せにすることである。これが私のミッションである。

最近では、プロ経営者ということがもてはやされているが、本来、プロとは、結果に責任を負える人たちのことで、単に経営者だけのことではないはずである。そこには、プロ店長がいて、プロマネジャーがいて、そしてプロ部長がいる。今までに、そんな仕事をしている人たちをたくさん見てきた。事業再生には、そんな人を一人でも多く育成することが欠かせない。全ては、人に始まり人に終わる。

私が一番大切にしていることは、その仕事の主役は一人ひとりだということである。これは個人店であっても、チェーン店であっても同じである。そこにあるのは、我が店・我が仕事・我が人生、という想いで仕事を心底楽しむことである。それはまた、やらされ仕事ではなく、自らが考え、そして、自らが行動する、ということでもある。まさしく、その仕事の主役は自分自身である。

これから話すことは、私がこれまで一緒に働いた仲間たちと共に問題を共有しながら、そして、その問題を解決するために、日々送ったメッセージの一部である。

そんな一つひとつの問題を解決するために送ったメッセージなので、会社に入ったばかりの人、責任のある立場になり部下を持った人、それに、ひとつの組織を任されている人、そんな全ての人が、次に起きるかもしれない問題にいち早く気付き、そして、その問題がまだ小さい時に、それも素早く解決するために役立つと思う。また、今回紹介するメッセージの数は多いが、一つひとつ読むのにどれも一分とかからないはずである。それは、一分で読めることを基本にメッセージを書いているからである。

私は、経営とは学びと気付き、それに、実行が何より大切だと考えている。それは、新たな学びと気付きが、新たな行動につながるからである。そして、その新たな行動が新たな成長への道のりを歩むことになる。

いつも願うことは、その流れが止まることなく確実な前進をすることである。

みなさんの健闘を祈る！

自分自身。

第一部

飲食店の社員になったら

お客さまとともに店は歩む！

いつの時代でも繁盛店はある。

繁盛店の共通点はただ一つ、「お客さまの満足と感動」である。

お客さまは、商品とおもてなし、それに、店の掃除に満足し、感動するからまた来てくれる。

そして、そのまた来てくれる人が増えるから店が繁盛するのである。

そんな繁盛店になるためには、常に商品（Q）・サービス（S）・清掃（C）にこだわりを持って不断の改善を図るとともに、お客さまの声に耳を傾け、お客さまの要望にお応えし、そして、いつもお客さまとともに歩むことである。

そのためには、良い商品を出すことに、良いおもてなしをすることに、そして店を磨きあげることに、昨日より「差」をつけることである。

残念ながら店が繁盛するためには、この他に方法はない。これしかないのである。

なぜなら、お客さまが店に来てくださり、そして、お代を支払って下さるから店が成り立ち、そして、我々の生活も成り立っているのである。だからこそ、お客さまとともに歩みながら、店を日々改善していくことは何より大切になってくるのである。

Q・S・Cは
不変の哲学
Q・S・C
常に一段上の経営
お客さまのニーズ
お客さまは期待以上のものを感じたとき再来店してくださる。

得をするお客さまを増やせ!

お客さまが得をする店が繁盛店になり、逆に、お客さまが損をする店が不振店になる。

また、商売には「損して得取れ」という言葉もあるように、その時損をしたと感じることでも、長い目で見ればそのお客さまが常連さんになり、その後幾度となく店に足を運んでくださり多くの利益をもたらしてくれるのが商売である。しかしなぜか、せっかく店を選んでもらったお客さまを裏切る行為が後を絶たない。それは、料理が不味い、接客サービスが悪い、店が汚い、といったことである。

また、販促でお客さまを呼んでおきながら、忙しいからと、会計のときに嫌な顔をする等、お客さまの満足を得るには程遠い状態もある。当たり前だが、そんなサービスを受けた店には、二度と足を運んでくれない。

これは、商売とはなんぞや!と言う本質を理解していないばかりか、売上げが少ないと言いながら、自分たちでお客さまを減らしていることになる。これでは、絶対に成長発展することも、繁盛店になることもありえない。

繁盛店になるためには、お客さまには期待通りか、期待以上のものを提供することである。これでようやくお客さまの満足を得ることができる。そんな満足をしたお客さまの数が増えて、店は繁盛するのである。

それはまた、お客さまに得をしてもらうことで、お客さまにその店を選んで良かったと思っていただくことでもある。そんな、お客さまが増えていく店が繁盛店となるのである。

店の熱烈なファンを日々増やそう！

当たり前のことだが、店が繁盛するためには、今来ていただいているお客さまに、二度目、三度目のご来店をいただくことである。

しかし、お客さまに二度目、三度目のご来店をいただける保証はどこにもない。もし、その保証があるとすれば、それは満足したお客さまだけが次の機会にまたその店を選ぶということである。つまり、店の熱烈なファンになってもらうことである。

そんな熱烈なファンになってもらえたお客さまとは、店のQ・S・Cに満足し、そして、選んで良かったと思った人である。

それは、いつ行っても、誰と行っても、決して裏切ることのないQ・S・Cのことでもある。

それが、店の信用であり、そして、看板の信用でもある。そんな看板に偽りなし！と太鼓判を押せる商売にしてこそ繁盛店の道を歩める。しかし、まだまだもう二度と行きません！という内容のクレームが後を絶たない店がある。これではお客さまが増えるはずがない。そうならないためにも、せっかく選んでただいたということを絶対に忘れないで商売することである。

ホールも調理場も目標は同じ！

おいしい料理は、心のこもったおもてなしを受けてはじめて「おいしい」と、お客さまから評価をいただけるものである。だから、どんなにおいしいお料理だったとしても、気持ちの良い接客サービスがなくては、お客さまから最終的に「おいしい」とは言っていただけない。

感じのよい接客は、店の料理をさらに引き立てるものである。

だから我々は、おいしいお料理と心のこもったおもてなしで、お客さまのおなかも心も満足した幸せな気分にすることを大切にしている。そして、そのことがこの仕事に携わる私たちの喜びであると考えている。

そんな我々一人ひとりの仕事ぶりを通じてお客さまは店を評価している。おいしさと接客サービスの良さが店の人気を決定づけ、さらには、その人気の蓄積があなたの店を繁盛店へと導いてくれるのである。

しかし、残念ながら、従業員の接客に対してのお叱りが後を絶たない。しっかりと躾と教育をし、間違ってもお客さまを減らすための仕事はさせてはならない。

我々の仕事の目的はただ一つ「お客さまの満足を得る」ことである。この目的を先ずは全員が共有し、そして、人気の蓄積を図るために全員で努力することを誓おう。そして、この仕事の目的を達成するために、ホールも調理場も関係なく、全員で店を良くすることに一生懸命に取り組もう。

一期一会の精神が、判断力を高める源に！

今日のご宴会も、今日の会合も、そして、今日の飲み会も、その人にとっては一生に一回しかない宴会であり、会合であり、そして飲み会である。そんな一生に一回の宴会や会合、そして、飲み会をお世話するのが我々の仕事である。

しかし、お世話する側の我々は、毎日が同じ仕事の連続でマンネリになることもある。マンネリになると、仕事に新鮮さがなくなり、そして、仕事が作業になる。これでは、お客さまの満足を得ることも、お客さまの記憶に残るような店になることもない。店が繁盛店へと歩むためには、毎日がオープン！これを基本にすることである。そんな日々新たな気持ちで商売することを表した言葉が一期一会である。

そのためには、常にもし私がお客さまだったら？と考え、行動することである。つまり、お客さまの気持ちになって今何をすると喜んでいただけるかを考え、そして行動することを習慣にすることである。そこには、お客さまが何を求めているかを動作から読み取り、そして、敏感に感じ取り、次には、お客さまから言われる前に行動する必要がある。これが、あなた自身の気付きと判断と行動力を高めてくれる。これが、一期一会の精神を基本に商売したことなることを忘れるな。

店の評判は、毎日、毎回のお客さまとの接点で決まる！

店の評判を高め、そして、人気の蓄積を図るためには、当り前だがお客さまから良い評価を得る必要がある。

その良い評価とは、実は、お客さまと店の従業員との接点（コンタクトポイント）で決まる。

仮に、月商1200万円の店で月間に約6000人のお客さまがご来店していると仮定するならば、その6000人のお客さまと、そして、店の従業員との接点で店の評判が決まるということである。

そんなお客さまと店の人たちとの接点には、ご案内、ご注文、料理とドリンクの提供、そして、お会計の4つが最低でもあり、それが6000人の4回であるから、月間で24000回の接点（コンタクトポイント）があることになる。この24000回のお客さまと従業員の接点で店の評判が決まり、そして、店の人気が決まってくるのである。

だから、店の評判を高め、店の人気を高めるためには、この24000回の接点でお客さまから良い評価を得なくてはならない。この接点が店の評判を高め、そして、次回も来店していただけるかの重要な決め手となってくるからである。

これが商売繁盛の基本であることを忘れるな。

お客さまの要望には、いつも当たり前な対応をする！

店を成長発展へと導き、そして、繁盛店への道を歩むためには、当然だが、お客さまから選ばれる店になることである。そのためには、お客さまの声に耳を傾け、そして、お客さまの要望にお応えし、お客さまと共に歩むことである。

お客さまの要望には、基本的にノーと言わないサービスを導入にしているところもあるぐらいだ。

しかし、まだまだ、そんなレベルの話ではない店も多い。もっともっと基本的なことで、お客さまに呼ばれたら絶対に無視をしない、お客さまから呼ばれたら元気に「ハイただ今おうかがいします」と返事をする、何かお願いごとをされたら、絶対に嫌な顔をせずに、親切に行動する等である。

全て基本的なことで当たり前のことではあるが、この当たり前のことを当り前にやることが何より大切である。

これができたら次は、あなたがお客さまだったら「何々してほしいと思うこと」を実践することである。それは、店はお客さまの要望にお応えした分だけ繁盛するからである。

そんなお客さまが評価した結果の数字が売上前年比で、それが店の人気のバロメータになる。

社是やモットーを、店の発展の道しるべにしよう！

社是やモットーは、それをオペレーションのバックボーンとして共有し、そして、日々の営業活動の中で実践してゆく必要がある。それは、社是やモットーは、行動を規制するためのものではなく、こうありたいと願って向上し、成長してゆくための道しるべだからである。店舗運営とは、まさしくその社是とモットーの実践行動の場である。

具体的にはQ・S・Cの状態目標を掲げ、そのQ・S・Cの状態目標にこだわった営業をすることである。

店の成長発展とは、そんなQ・S・Cの向上のことで、そしてQ・S・Cの向上が社風になり、この社風が一つひとつの仕事の価値判断基準となる。

さらには、その価値判断基準が行動様式となり、そして、それが店の成長発展と経営の支えになるのである。

社是に偽りなし！　モットーに偽りなし！と胸を張って言える店づくりを目指せ。これが、社是やモットーが見えざる経営資源と呼ばれる所以である。

特に、急激な変化や競争の激化といった条件の下では、一人ひとりが適確な行動の展開をしなくてはならない。そこで、その基礎となるのも社是にモットーである。これは単なる明文化された文書のことではなく、会社全体に浸透している価値判断基準と行動様式であることを忘れるな。

売上前年比は、人気の蓄積を表わす数字だ！

売上高を上げる基本は、満足したお客さまの数を増やすことで店の人気を高めることにある。満足するから次回も自分の店を選んでもらえ、そして、その選んでいただけるお客さまが増えるから、店は繁盛する。しかし、せっかく、ご来店いただいたお客さまに満足していただけなければ、次回の来店にはつながらない。これが不人気の蓄積となり、最終的には不振店へと自ら転げ落ちる。

そのお客さまの人気度を表したものが前年比であり、人気のバロメータになる。この前年比が上がれば店は繁盛し、逆に、この前年比が下がれば、店は不振店へと成り下がる。

だから我々は、来客数を増やすために良いオペレーションを第一に仕事をしている。

それは、良いオペレーションがお客さまの満足と感動を高め、そして来客数を増やし、結果としての売上高を高め、店を繁盛店へと導いてくれるからである。

売上高が損益計算書の一番上に位置していることからも、我々の仕事の優先順位の一番は、お客さまの満足と感動を得ることで人気の蓄積を図ることにある。店は、この売上前年比を高めること、つまり、人気の蓄積を高めてこそ第一の責任を全うしたことになる。

独自の魅力を持ち続けるには、それを追求する使命感を！

商売繁盛の基本は、お客さまに満足していただき、次回も選んでもらえるお客さまを増やすことである。そんなお客さま集めのコツは、Ｑ・Ｓ・Ｃを常に高めることと同時に、その店独自の魅力をつくることも大切になる。

それは、人気の看板商品を創ることであり、お客さまの記憶に残るようなおもてなしをすることであり、店の空間対価を高めることでもある。

そんな努力のあるところは、小さな店でも必ず人気は高まり、そして、その人気が評判になり、その評判が多くのお客さまを呼び込んでくれる。

本当に商売というものは、単なる売り買いではなく、そこには、懸命な努力や創意工夫が必要で、さらに、そこに良き心が通い合わなければ上手くいかない。だから、お客さまを迎えるときには、目が輝いていないといけない。おじきも心からおじぎをしなければならない。

それでなければ、お客さまは増えないし、店の人気も高まることもない。つまり、常に使命感を持って仕事に取り組むということで、店を進化させ続けるということでもある。そこに力強い店舗運営が生まれ、そして、商品も人も育ってくる。そんな誠実に、謙虚に、精一杯応えていくことが商売繁盛の道でもある。

ホスピタリティは、「おもてなしの場面」を繰り返すこと！

ホスピタリティには、親切な心あふれるおもてなし、という意味がある。では、どうしたらお客さまにその親切な心あふれるおもてなしを受けたと感じていただけるかである。これをしっかりと考え、そして、一つひとつ実践してこそ、お客さまの満足を得ることができる。以下、その事例の一つである。

①嫌な顔一つしないで笑顔で対応してくれた。
②身だしなみが良く、元気に対応してくれた。
③丁寧でマナーが良く、心を込めて親切に対応してくれた。
④元気な返事で頼んだことをすぐにしてくれた。
⑤些細な反応を敏感に感じ取ってくれ、言う前に対応してくれた。
⑥商品について豊富な知識を持ち、正確に伝えてくれた。
⑦楽しいコミュニケーションで接客してくれた。
⑧誕生会でサプライズをしてくれた。
⑨子供がジュースをこぼした時、新しいものを持ってきてくれた。
⑩宴会の幹事で人数の変更や内容の打ち合わせで親身に相談に乗ってくれた。

他にも、まだまだ数え切れないぐらいの場面がある。

我々が日頃している仕事とは、そんなおもてなし業で、お客さまに満足と感動を与える仕事である。お客さまに二度三度とご来店いただくためにも、単に店や商品が良いというだけではなく、楽しかった、気持ちの良い接客を受けた等、おもてなしの心をお客さまにお届けしよう。

店が繁盛するためには、心・技・態を磨き上げろ！

武道の世界には、心・技・体という言葉がある。「心」とは、相手と、そして自分自身に打ち勝つ強い精神を言い、「技」は、厳しい鍛錬で磨き抜かれた技のこと言う。「体」は、強い体づくりのことを言う。食の道にも心・技・態というものがある。

我々の仕事でいう「心」には、精神的な強さの他に、親切なおもてなしの心が必要になる。それは、もっとおいしい料理を出したい、もっと良いおもてなしをしたい、もっと店の掃除を高めたい心を持つことである。この心を磨きつづけることが、料理や接客サービス、それに、掃除の向上になる。

次に「技」とは、調理技能やサービス技能、それに、店舗マネジメント技術のことである。いくら「心」を高めても、それを表現する調理技能やサービス技能、それに、店舗マネジメント技術等が身に付いていなければ、最終的なオペレーションでQ・S・Cを表現することはできない。だから、技を磨くことによって、おいしいお料理を創ることができ、良い接客サービスを行なうことができ、さらには、安定した店舗運営ができる。

そして最後の「態」は、強い体づくりにプラス態度のことを言う。それは、料理人としての態度やサービスパーソンとしての態度、さらには店長・料理長としてのリーダーとしての態度を身につけることである。この心・技・態を我々一人ひとりが磨くことが、店の成長発展と、そして、我々一人ひとりの成長につながる。

1人の身だしなみが、店の評判を大きく左右する！

店の状態は活気があって、スピーディなオペレーションをしていても、身だしなみが悪いと、それだけで店の印象が悪くなる。そして、店全体に雑さと荒っぽさを感じさせる。それは、身だしなみの悪印象が、料理を不味くし、接客サービスを悪く、そして、店を汚く見せてしまうからである。

身だしなみとは、そんな店の印象を決定的に決める一番の要因になってくる。だから我々は、店づくりの一番に身だしなみを徹底することからはじめている。

しかし、いまだに身だしなみの良くない人が店にはいる。これでは店は良くならないし、次に入ってくる新人の人たちも、身だしなみが良くならない。

これは、妥協しているのか、それでも、悪い身だしなみを見ても異常と感じていないからだと思う。

本当に店を良くしたいと思うのであれば、まずは、あいさつと身だしなみを徹底することからはじめなくてはならない。

地域にとって、なくてはならない店にするために！

その地域にとってなくてはならない店になってこそ、店の存在価値がある。つまり、お客さまの求めがあってこそ、店が存続できるということである。

反対に、お客さまに望まれない店は、当然選ばれることもなければ、店の存在価値もない状態である。こうなったら撤退するしかない。

だから、我々は、いつもお客さまの求めに誠心誠意お応えすることを何より大切にしている。それは、これが繁盛店になるための唯一の道でもあり、その地域の人たちにとってなくてはならない店にするためでもある。

そして、その店をその地域に出店した最大の目的でもある。

だからこそ、その地域の人たちにとってなくてはならない店にすることを第一に考え、そして、行動しよう。

自分に元気を、仲間に元気を、そして、お客さまに元気を！

元気が店に活力を与え、そして、その元気が我々に勝ちを引き寄せてくれる。そんな元気は、自分の気持ちの持ち方で決まる。

誰にでも、元気が出ないときや、辛いときはある。それは人なら当たり前のことである。しかし、人は楽しいから笑うのではなく、笑うから楽しくなるのだ！という言葉があるように、すべては自分の心の持ち方で決まる。

元気も同じで、大きな声を出すことで元気が湧いてくる。

当然だが、下をむいて小さな声では元気も仕事に対する意気込みも出てこない。元気を出すためにも、店に活力を与えるためにも、まずは自分自身が大きな声を出すことで自分に元気を与え、そして、次はその元気を働く仲間に与えよう。そんな元気が店に活力を与え、我々に勝ちを引き寄せてくれることを忘れるな。

当たり前をトコトンやる。何より大切にする！

当たり前のことを当たり前にやってのけることが何より大切である。

おいしい料理、お待たせしないサービス、そして、きれいな店。これはこの商売で成功するための当たり前のことである。

この当たり前のことをトコトンやる、それもどこまでもやり遂げることである。それは、商品が販促、接客サービスが販促、そして、掃除が販促となる店のことである。これができて、はじめてお客さまを減らすことが無くなる。

お客さまが少ない、お客さまが足りない、と言っている店に限って、この当たり前のことができておらず、自分達でお客さまを減らしている。

そして、お客さまが少ないからと言って、強い販促で一時的な売上げを取りに行っている。しかし、そんな場当たり的な販促が通用する時代も終わりを告げている。大切なことは、もっともっと当たり前にこだわった営業をすることであり、Q・S・Cにこだわり、その、Q・S・Cを高める努力をすることである。

大競争に打ち勝つ唯一の策は、「お客さまの満足を得る」こと！

外食産業界も大競争時代を迎え、まさに生死をかけたサバイバルな時代に突入した。その結果、過去に例をみない企業間格差が発生している。

店の選択権は常にお客さまにあり、お客さまに選ばれた店だけが生き残る。逆に、お客さまに選ばれなかった店は、この市場から退場だ。そうならないためには、常にお客さまから選ばれる仕事をすることで、さらには、二度目三度目のご来店がいただける店にすることである。何より、お客さまに満足していただくしかない。それしか方法がないのである。

お客さまは店に来て「満足した」と感じるからまた来てくれる。この「また来てくれるお客さま」が増えるから、店は繁盛するのである。

私たちの仕事の目的も、このお客さまの満足を得ること、この一点である。

この仕事の目的が成し遂げられてゆくとき、お客さまの数が増え、そして、確実に大きな成長を遂げることができる。そのためには、常にお客さまの立場で考え、そして、行動することである。これが、大競争時代に打ち勝つ唯一の方法であることを忘れるな。

おもてなしの、4つの気持ちと言葉を大切に！

おもてなしには、気持ちと態度、それに、言葉が必要になってくる。まず、4つの気持ちと言葉を説明する。

①親愛の気持ち！

親愛の気持ちとは、お客さまを大切なお友達と同じように接する時の気持ちのことである。あなたの家に大切なお友達をお招きした時の気持ちを思い起こし、元気よく笑顔で「いらっしゃいませ」と言うことである。

②素直な気持ち！

素直な気持ちとは、あなたの人に対する心の表れである。あなたがお客さまに対して素直に接すれば、お客さまは心地の良い時間を過ごすことができる。そのためには常に元気よく「はい」と返事をすることである。

③反省の気持ち！

反省の気持ちとは、過ちを認めることである。我々の仕事にもミスはある。大切なことは素直に過ちを反省し、心から「すみません・申し訳ございません」と、お詫びを言えるようになることである。

④感謝の気持ち！

お客さまが店に来て下さり、お代を支払ってくださるから、店が成り立ち、そして、あなたの生活も成り立っているのである。そんな感謝の気持ちを込めて「ありがとうございます」と言うことである。

お客さまの立場を考え、行動できないなら、できるまで続ける

我々の仕事の目的は「お客さまの満足を得ること」この一点である。

これは商売で成功するためには当たり前のことである。

しかし、逆のことをする人がいる。つまり、お客さまから不満をもらう人のことである。だから、お客さまからクレームをいただき、その結果、店が不人気となる。

そんな人に欠けている点は一つ。それは、お客さまの立場で考え、そして、行動することができないことだ。

本来、そのような人は店に存在していないはずである。それは、店が繁盛するためには、全員がお客さまの立場で考え、そして、行動する必要があるからである。また、お客さまの立場で考え、そして、行動するのがこの仕事の基本でもあるからである。

もし、店の人の中に、それができない人がいたら、先ずは徹底して、お客さまの立場で考え、そして、行動することの重要性を教えることである。そして、一人ひとりが、どのようにすればお客さまに喜んでいただけるかを考え、行動できるようにすることである。

これに関しては、理解するまでやり続けなくてはならない。そうしない限り、自分たちでお客さまを減らし続けることになる。

Q･S･Cへのこだわりが、店の価値を決める！

店で商品を作り、そして、その商品を売って成功を遂げるためには、Q・S・Cに対するこだわりと、そして、大いなる情熱がなければならない。それは、Q・S・Cを高めることがこの商売で成功するための絶対条件だからである。

しかし、現状の大きな問題のひとつに、自分たちが提供しているQ・S・Cを大事にしないということがあり、お客さまに誠心誠意お応えしていないということがある。

これは、仕事に対するこだわりと情熱が不足しているからである。

Q・S・Cを商品として提供する我々の仕事は、このQ・S・Cに対するこだわりと情熱が店の価値を決定することを絶対に忘れてはならない。それが、仕事に忠実であるということでもある。

仕事に忠実であるからこそ、店を良くすることに夢を持ち、そして、店を良くすることに情熱を持って取り組むことができるのである。仕事に飽きず、仕事に妥協を生まないためにも、自分に忠実になることである。

だから、現場で起こっている問題に対して、見て見ぬふりをしているようでは困る。厳しい時代だからこそ、仕事に忠実に、そして、仕事に情熱を持ち、店を良くすることに誠心誠意取り組まなければならない。

店の問題を放置するな、先延ばしにするな、不断の改善をしろ！

今が最善だと思っても、それは今日の最善であり、明日の最善ではない。物事は日々改善し、日々進歩し続けなくてはならない。そのためには、さらに良くしてやろうという強い思いと、具体的な対策が現場を変える原動力になる。思いだけでも、対策だけでも現場は変わらない。思いと具体的な対策があって、はじめて現場が変わる。そんな思いと日々の小さな改善のことを、不断の改善と言う。

どの店も問題がたくさんある。問題のない店など存在しない。つまり、改善の必要のない店は存在しないということである。

そんな改善しなければならないことを、強い思いと具体的対策で直す。そのためにも、常に目標と結果の確認を怠らないことである。

仕事のやりっぱなし！　結果を確認しない無責任な行動！これでは良い成果を得ることはできない。何より仕事に対しての反省がない。自分のやった仕事に対しての責任も反省もない状態では、会社も店も、そして自分自身も良くなることはありえない。対策と成果を確認しながら次の一手を打つことである。

仕事とは、そんな問題と向き合い、そして、問題と格闘することで、その問題を解決し、確実な成長発展を図ることである。問題を放置することも、問題を先延ばしすることも許されないのである。

店の全員が利益を追求する商売人になろう！

商売は、儲かったり損したりするもの、と言う人もいるが、その根本観念に間違いがある。儲からない仕事は商売とは言わない。儲かってこそ商売である。

だから、利益を追求しない人、赤字でも平気な人、そんな人は商売人ではない。異常な数値を放置する人、これも商売人ではない。商売人の基本素養は、読み、書き、そして、そろばん勘定である。特にそろばん勘定のできない人は、この仕事には向かない。

全員が商売人になってこそ、店は「より良くより強く」なれる。

一日一日の営業、毎日の販促がモノを言う！

当然だが商売とは一日だけのものではない。未来永劫に続くものである。そのためには常日頃の営業がモノを言う。日々の商いが店の「信用」を築いているのである。良い店は、お客さまが、お昼に来て下さり、そして、夜も来て下さる。さらには、そのお客さまが今度は会社の人を連れて宴会をして下さる。そんなお客さまが二度三度来る店にしてこそ店は繁盛する。

しかし、残念ながらお客さまの要望にお応えできていない店がある。つまり、お客さまに信用がない店である。お客さまの要望にお応えしていない店である。お客さまの期待を裏切っている店である。だから売上げが足りないと言いながら、自分たちでお客さまを減らす結果になっている。

厳しい状況だからこそ、お客さまの満足が何より大切である。一組一組のお客さまに真摯に応えなくてはならない。それは、今回の来店が次回につながり、さらには、その次の来店へと発展するからである。

お客さまは来なくて当たり前、来ていただいても二度目三度目は来なくて当たり前である。その来なくて当たり前のお客さまに来ていただき、さらには二度目三度目来ていただくためにも、一組一組のお客さまに真摯にお応えすることである。そんな心ある対応がそれらを可能にしてくれる。

商品が販促、店が販促、そして人が販促、これが基本であることを絶対に忘れるな。

一人ひとりの仕事への情熱と誇りが、繁盛店に導く！

繁盛している店の共通点の一つに、仕事に対する情熱と誇りがある。

そんな情熱と誇りとは、商品に接客サービス、そして、店の掃除に一人ひとりが責任を持って仕事をしている状態のことである。

その一つひとつの仕事を積上げた結果が店の信用になり、そして、あなたの店を繁盛店へと導いている。情熱と誇りとは、そんな一つひとつの仕事に対するこだわりと、そして、仕事に対する責任のことである。

お客さまに対して、情熱と誇りを持った仕事でおもてなしをすれば、必ず次回もあなたの店を選んでもらえる。

まずは、店の全ての2S（整理・整頓）から徹底すること！

仕事の基本の一つに、6S（整理・整頓・清掃・清潔・躾・習慣）があるが、まずは、2S（整理・整頓）ができるようにならない限り、3Sはできないし、3Sができない限り、4Sはできない。そこで、まずは、2Sからスタートし、このことを徹底することである。

その2Sとは、整理・整頓のことで、整理とは、必要なものと不要なものを分け、不要なものは処分することを言い、整頓とは、必要なものを必要な場所に置くことを言う。

この整理・整頓（2S）は、仕事の基本中の基本で、オペレーションにおいても大変重要になる。売上の悪い店の共通点に、店が汚い、在庫が多い、先入れ先出しができていない等の問題がある。基本的な2Sができていないから売上が悪いのである。

良いオペレーションするためにも、この2Sの徹底は絶対に欠かせないし、また店を立て直す場合も、この2Sからはじめなくてはならない。

まだまだ整理・整頓すらできない店が多くある。売上げが悪いと言いながら、やるべきこともやっていない状態である。やるべきことをやらないで、売上げが悪いことを他に転嫁しても業績は改善しない。まずは、やるべきことをしっかりとやり切ることである。それは、店の全ての2S（整理・整頓）を徹底することである。

お客さまの満足を得ることが、毎月の業績に表れる！

お客さまの数が増えれば当然、順調なビジネスが約束され、将来も約束される。それは、満足を得たお客さまは、その後も幾度となく店に足を運んでくれるからである。

つまり、お客さまの満足が毎月の業績を決定付けているのである。これは当たり前のことで、満足したお客さまだけが、次回も足を運んでくれるからだ。

だから、満足も記憶にも残らない店では、二度と来ていただけない。こんな店が不振店になるのに何ら不思議なことはない。

そのお客さまの満足を得るために、Q・S・Cのレベルアップを図る必要があり、Q・S・Cのレベルアップこそが、この商売で成功するための絶対条件である。

そのためには、Q・S・Cにこだわりを持って不断の改善を怠らないことである。

そんな不断の改善こそが、店を繁盛店へと導いてくれることを忘れるな。月次での業績とは、そんなお客さまの満足の結果である。

繁忙期こそ、全てのお客さまの満足の追求をしよう！

繁忙期には、どの店もたくさんのお客さまがご来店される。我々にとって大変ありがたいことで、そして嬉しいことでもある。それは店が繁盛し、その結果として我々も幸せになれるからである。だから、繁忙期には特に一人ひとり全てのお客さまへの注意が必要になる。つまり、全てのお客さまの満足の追求で、最大満足の追求である。

この追求は当たり前のことで、できていて当然のことであるが、しかし、残念なことに、忙しくなればなるほど、目が行き届かなくなり、多くのお客さまの満足を得ることができていない。そして、それがクレームとなって出ている。

しかし、クレームとしてお客さまからいただくのは僅か４％しかない。ほとんどのお客さまは何も言わないが、次にその店を選ぶことをしない。お客さまが少ないと言いながら、自分たちでお客さまを減らしている現状があることを絶対に忘れるな。

これでは、店が成長することも繁盛することもない。忙しい時こそ最大に注意し、そして目の行き届いた仕事をしなければならない。これが引き続き店を成長発展へと導いてくれる。

熱烈な店のファンで、店を宣伝してくれる常連客を増やす工夫を！

こだわりが我々の最大の武器である以上、商品づくり、店づくり、人づくりが商いの基本になる。特に、商品と店づくりで、他社と同じことをやっていれば安心できたのは、もう過去のことである。店づくりが同じでは同質化現象が起こり、共倒れになるからである。そうならないためにも、自分たちらしさを追求し、その違い化を明確にする必要がある。

中でも「人」は、店の顔でなくてはならないし、「人」の違い化が最も重要になる。それは自分達らしさを追求して行くことで、常連さんを増やすことでもある。その常連さんは、単なる数ではなく、熱烈な店のファンで、店を宣伝し、そして、繰り返し来ていただけるお客さまのことである。

いま、各社が導入している会員カードだが、単に会員数だけを増やして常連さまが増えたと勘違いしている。だから、ＤＭの回収率も１％未満で、費用を回収することもできていない。しかし、回収率が平均で30％以上を取っている企業もある。その違いは仕組みにもあるが、一番の違いは、常連さんを大切にしていることである。それは、お客さまの名前を覚える、お客さまと会話をする、記念日にはお手紙を出す等、しっかりとお客さまとの接点を持っていることにある。商売には、そんなお客さまとの会話や、接点を増やすチャンスはたくさんある。これを機会に、常連さんを増やす努力をすることである。

お客さまの記憶に残るよう、「期待以上」の店づくり!

お客さまに、くり返し、くり返し何度もご来店いただいてこそ店は繁盛する。しかし、お客さまの方は、一度は来てくれても、なかなか次は来ないものである。そんな、次来なくて当たり前のお客さまに、次回も来ていただこうと思うのであれば、お客さまの記憶に残る店にするしか方法はない。そのためには普通の努力では話にならない。普通以上のことをして、はじめてお客さまの記憶に残る店になる。

それは、お料理であっても、接客サービスであっても同じことが言える。つまり、お客さまの期待以上のものを提供するということである。そのことが、今来ていただいているお客さまに次回も店をご利用していただく最良の方法になる。

特に年度初めは、新しいお客さまがご来店する時期でもあり、その新しいお客さまの記憶に残る営業ができれば、その後の営業が約束される。そんなお客さまの記憶に残る店になってこそ、真に価値ある店になる。

本気の商いを日々できる人しか、繁盛店はつくれない！

商売に面白さや生きがいを感じない人は、それだけで、すでに商売人として失格である。また、利益を本気で追求しない人、赤字が平気な人、これも商売人として失格である。さらには、できない理由を見つける人、できなかった言い訳を探す人、これも商売人として失格である。

本気で売上と利益を追求してこそ、真の商売人と言える。そのためには、全てにおいて本気の商いを日々することである。そんな本気の商いとは、一つひとつの仕事にこだわり、その一つひとつの仕事を見直すことに情熱を持つことである。

これがあなたの店を繁盛店へと導いてくれる。しかし、まだまだ当たり前のことすらできていない店がたくさんある。つまり、基本的なことができていない店が多いということである。これではお客さまが減るばかりである。これでは当然、利益が出ない。これは本気の商いではない。妥協の産物では店は絶対に良くならない。

当たり前のことが当たり前に行われて、はじめて、お客さまにも納得していただき、そして、店の売上げと利益にもつながる。また、当たり前のことが当たり前にできて、はじめてお客さまから信頼も得られる。

本気の商いとは、そんな当り前のことを徹底してできるまでやることである。

何事も最善の上に最善がある！できないことはないと挑戦しよう

改善の余地のない仕事など存在しない。全ての仕事には、最善の上に最善がある。

だから、常に現状に満足することなく、さらなる上の仕事を目指さなくてはならない。そうすれば、確実な成長と劇的な変化が生まれる。

そのためには、固定観念を捨て、できないという考えを捨て、そして、新たなことに挑戦することである。

具体的には、周囲の意見に耳を傾け、いろいろなことに挑戦することである。そこから現場を変える、現場を動かす勇気や力が湧いてくる。そして、教えられることに謙虚になり、教えることに熱意を持つことである。

教え、教えられずして何ものも生まれてこない。

これが現場を変えてゆく原動力になる。それが最善の上の最善につながることを忘れてはならない。

日々、新たな問題と格闘する人だけが、チャンスをつかめる！

やらなくてはならないこと、やれることが、まだまだたくさんある。この、やらなくてはならないこと、やれることが分からない人がいたら、そんな人はいっそ仕事を辞めることである。

我々には、毎日目覚めるたびに新たなチャンスが待ち受けている。日々毎日が新たな挑戦の一日である。我々は日々進化しているが、それでも、過ちも無数に犯している。つまり、改善の余地も文字通り無限にあるということである。問題と格闘しないのは、まさしくチャンスを自らが逃していることである。我々は時と共に進歩こそすれ、退歩することはない。そのためにも日々問題と向き合い、そして、日々問題と格闘しろ。

この徹底した前向きの姿勢から、どんなことも整理でき、どんなことも改善でき、そして、どんなことも解決できるという発想が湧き出るのである。

しかし、実際に新たなことを何もやらない人がいる。また、分かりましたと言う人も多くいるが、やはり何も新たな行動をしない人がいる。これでは何も変化は起きない。

大切なことは、新たに学んだこと、知ったこと、これを実際に行動に移し、そして時代環境の変化に果敢に挑戦することである。時代に真正面から向き合い、そして、日々新たなことに挑戦すれば必ず突破口は拓ける。

昨日より店を進化させる、昨日よりもっと良い仕事をする！

過去を忘れ、未来に向けて戦え！　過去は既に終わったことである。どんなに良いことも、逆に、どんなに辛いことも、それらは全て終わったことである。

過去に生きることはできないし、過去には、夢も希望もない。当たり前だが、夢や希望は未来にしかない。だから我々は、常に未来に向けて仕事をしている。それは、誰一人として現状に満足していないということで、いつも、もっと良い仕事ができるはずだと思っていることである。

我々は経験として、仕事には終わりの無いことを知っている。そんな我々が目指している真の姿は、店の価値を高めるためにベストを尽くし続けることで、それは、毎日、昨日とは違う「差」をつけることである。

具体的には、おいしい料理を出すことに！　良いおもてなしをすることに！　そして、店を磨き上げること！に日々挑戦しながら、店を進化させることである。

店に関わる全ての人に、心から感謝し、「ありがとう」と言おう！

「ありがとう！」という言葉はたいへん短い言葉だが、言った人も、また、言われた人も、共に心がこの上なくさわやかになる言葉である。

いくら感謝が大切だと分かっていても、それを言葉に出して言わなければ相手には伝わらない。

お客さまのご来店に感謝し、心から「ありがとうございます」と言うことは、我々の仕事では当然である。

それはお客さまのご来店のお陰で店も会社も、そして、我々一人ひとりの生活も成り立っているからである。

だから、そのお客さまを粗末にすることは絶対にあってはならない。

また、日々無事に営業ができるのも、店の人たちのお陰である。

これも働いてもらっていることに感謝し、「ありがとう」と言わなければならない。さらには、お取引様にも、いつも届けていただくことに感謝し、「ありがとうございます」と言わなくてはならない。

「感謝の気持ち」があるからこそ、店が繁盛することを忘れてはならない。

FOOD BUSINESS

多くのお客様の
笑顔に出会う
仕事

HOSPITALITY INDUSTRY

第二部

飲食店の店長になったら

仕事の目的は「お客さまの満足を得ること」!

いまだに政治も経済も大変不安定で、先の見えない厳しい状況が続いているが、我々の仕事は決して先の見えない仕事ではない。

我々の仕事は、「お客さまの満足を得ること」この一点である。この仕事の目的が成し遂げられてゆく時、確実にお客さまの数が増え、そして、店が繁盛店へと歩むことができる。

我々の真の競争相手は、競合店ではなく、年々高まるお客さまの満足である。だから我々は、誰一人として現状に満足していない。常にもっと良い仕事ができるはずだと思っている。それは仕事には終わりのないということでもある。

またそれは、店の価値を高めるために日々ベストを尽くすことであり、毎日、昨日とは「差」をつけることでもある。

具体的には、おいしい料理を出すことに、良いおもてなしをすることに、そして、店を磨き上げることに日々挑戦しながら店を進化させることである。

Q・S・Cの不断の改善が、店を繁盛へと導く！

言うまでもなく、商品（Q）・サービス（S）・清掃（C）は、我々の仕事の基本であり、あなたの店を繁盛店へと導いてくれる。だから、我々は、最高に清潔な店舗環境の中で、迅速で丁寧なおもてなしでもって、安全で質の高い商品を提供しなければならない。このQ・S・Cが常に高いレベルに維持されていることは、お客さまが満足感を抱いていることを意味している。

つまり、お客さまが望むものを、手頃な値段で提供できれば、高い価値（バリュー）が生まれ、最大の満足感につながるということである。

我々の仕事は、この商売の基本であるQ・S・Cについて日々不断の改善を行なうことで、常にレベルの高い店舗運営を目指すことにある。最高レベルのQ・S・Cを促進し、維持することは順調なビジネスが約束されることであり、自店舗の将来を確固たるものとするものである。満足感を得たお客さまは、その後も幾度となく訪れるからである。そのためには、Q・S・Cにこだわりを持って日々店舗のQ・S・Cレベルを高める努力をすることである。この努力のあるところに繁盛店への道が拓ける。

部下を大切にすることが、必ず、お客さまの満足につながる！

お客さまの満足を得たいと思うのであれば、まずは部下に良く接することである。良く接せられた部下は、必ずお客さまを大切にするからである。これは絶対に忘れてはならないし、必ず実行しなければならない。

しかし、共に働く仲間の人たちを大切にしない人がいる。部下の名前は呼び捨て。あいさつは自分からしない。部下に対しては横柄な態度で接する…等。全て部下を粗末にしている行動である。これだから、店の人がお客さまを大切にしないのである。

繰り返し言うが、お客さまの満足を得たいのであれば、部下を大切にすることである。そして、これを徹底して体に叩き込み、それを行動で示せ。具体的には、部下の名前は呼び捨てにしない、あいさつは自分からする、部下に対しては丁寧な態度で接する、そして、部下の行動には積極的に支援し、その進歩には賞賛し、最後にはその行動に感謝と笑顔を忘れないことである。そうすれば、必ず店の人たちはお客さまを大切にする。間違っても、毎日イラついた顔で接することだけは絶対にしてはならない。

店長は個人店を営むよう、マニュアルを超えた工夫を！

繁盛店になるためには、個人店を営むように経営することである。それは、商人としての基本的な考えを下に、お客さまの満足を得るためにいろいろと創意工夫をし、そして、そのことを実践することである。つまり、単に決められたこと（マニュアル）を、決められた通り（マニュアル通り）に実行するだけにとどまらないことである。もちろん、決められたこともできないようでは話にならない。

繁盛店になるためには、決められたことをしっかりとやり切り、そして、その上を行く戦いをすることだ。飲食店は、マニュアルを超えた戦いで、お客さまの満足を得るために、しっかりと考え、そして、しっかりと行動することである。それは、おいしい料理を出すことに、感じの良い接客サービスをするために、そして、きちんと店を清掃することへの追求でもある。これには、個人店もチェーン店も関係ない。だから、チェーン店でも繁盛店があり、逆に、個人店でも不振店が数多くある。これは何も不思議なことではなく、お客さまの満足は、最後は現場の仕事で決まるからであり、現場の創意工夫こそが、店を繁盛店、大繁盛店へと導いてくれる。

商売繁盛の基本の基本は、お客さまとの約束ごとを常に守ること！

看板に偽りなし！ 広告に偽りなし！ メニューに偽りなし！ お客さまは裏切らない！ お客さまには親切にする！ お客さまの要望にはお応えする！

これらは全て商売が繁盛するための基本中の基本である。それはまた、お客さまと我々が交わしている約束ごとでもある。

しかし、この約束ごとを守らない店がある。つまり、約束ごととは全く逆のことをしながら、自分たちでお客さまを減らしている店のことである。当然だが、これではお客さまが増えるはずがない。これが不振店である。

今、業績を伸ばしている店は、常にQ・S・Cを問題にしながらオペレーションの改善を図っている店で、それは、オペレーションの改善こそがお客さまに対する約束ごとを守り、そして、店の信頼につながるからである。

繁盛している店には、繁盛するだけの理由があり、逆に不振な店にも、不振になるだけの理由があるということである。繁盛店になるためには、そんな基本的なことをしっかりとやり切ることである。

新人の躾と教育は、入社時の最初が肝心！

新人の躾と教育は最初が肝心である。

よく、「鉄は熱いうちに打て！」と言われる様に、冷めてから打つと鉄は必ず折れてしまう。

人も全く同じで、入社時に言うのと、入社して2～3週間経ってから言うのでは、同じことを言っても全く受け取り方が違ってくる。ほとんどの人は、最初は意欲も高く素直で何でも受け入れてくれる。

しかし、時間が経つにつれて、仕事に対する姿勢も取組みも大きく変わってくる。その全てを決めるのが、最初のオリエンテーションとトレーニングになってくる。ここで、しっかりと躾（してほしいこと、してはいけないこと）を教え、次に、教育（やるべき仕事）を正しく教えなくてはならない。これを怠ると、後で修正するのが大変になる。

新人のための躾、教育というは、時間が経てば経つほど、同じことを言ってもできなくなるからである。新人の躾も教育も、これを基本に行うこと。

お客さまからのクレーム対応の基本を、熱烈なファンづくりに！

お客さまからクレームが出るのは大変残念なことだが、クレームは店を改善するのに大変役立つ。クレームから学ばないから同じ過ちを二度も三度もするのである。クレームを寄せるお客さまは、すぐに改善が起こされることを期待している。また、すぐ改善することによって、我々がお客さまを大切に思っているということが伝わる。だから、お客さまからのクレームには必ずお応えし、問題に対処することは、我々の日々の店舗運営にとって極めて重要なことだ。

クレームを言ってくれる人は、最も大切なお客さまで、ヘビーユーザーであることがわかっているからである。このお客さまに満足していただかないと、彼らは二度と来店しなくなる。

また、あなたの店でいやな思いをし、満足できなかったお客さまは、10人以上にそのことを話す。口コミが最大の宣伝媒体であるが、逆も然りである。

クレームをゼロにする、クレームを撲滅する、これが店を成長発展へと導く基本になることを忘れるな。そしてクレーム対応の基本は、クレームもいただいたお客さまを最後には熱烈なファンにすることだ。

日々、成果が出ないなら、対策を変えるか、増やすかの追加対策を！

勝ち続けるためには、追加対策こそが何より大切である。何も具体的な追加の対策を打たなければ、毎月確実に惨敗に終わる。これは、戦わずして負ける状態であり、変化に対応する力がない状態でもある。

しかし、同じ対策を繰り返しながら、結果が全く変わっていないことに何の疑問も何の危機感も持たない人がいる。対策と成果が結びついていないのだから、対策を変えるか、対策を増やすか、それとも、対策の実行レベルを強めるしかない。

それでも同じことを言いながら、同じことを繰り返し、同じ結果になっている。我々は、日々新たな戦いに挑戦する集団であることを忘れるな。

それは、自分たちの力で売上げをつくる対策を考え、そして、その対策を実行に移すということである。

このことをどれだけ具体的に考え、そして、どれだけ力強くやれるかで、結果の勝負が決まってくる。

まだまだ、やれることは、たくさんある。まだまだ、やらなければならないこともたくさんある。これを徹底して考え、徹底して行動し、結果の成果を追い求めろ。

商売が厳しい時こそ、基本に立ち返り、基本を徹底しろ！

商売には、良いときもあれば、必ず悪いときもある。悪いときは、それまでの商売のあり方に必ず問題が多くある。つまり、お客さまの期待に応えることができていなかったということであり、お客さまの期待を裏切ったということである。だから、業績が悪いのであって、決して、競合店の問題でも景気の問題でもない。

一度失った信頼はなかなか回復しないが、それでも何度かは、お客さまの方から我々にチャンスをくれる。その時こそは、絶対にお客さまの期待を裏切ってはならない。今度は、熱烈な店のファンにするのだ。

そんな一回一回の信頼の積み上げが、今度は店を成長発展へと導いてくれる。そのためには、常に店の状態にこだわりを持って商売をすることで、店の状態を良くすることである。この基本的なことでしか、お客さまからの絶対的な信頼を得ることはできないからである。

大切なことは、常にお客さまの立場でしっかりと店を見て、直すべきところはすぐに直し、そして、お客さまの期待を裏切らない、お客さまのご期待にお応えできる、そんな店に一日も早くすることである。

オペレーションの改善は、すぐできる。後回しにすることは大問題！

オペレーションの基本は、まずは、お客さまをお待たせしないことである。また、このオペレーションの基本ができていない店が多くある。特にピークタイムになると、必ずその基本的なクレームが増える。内容はほとんど同じで、料理が来ない、ドリンクが来ない、呼んでも来ない、会計で待たされる、といったことばかりである。

お待たせしない接客サービスができていないということは、最低限の接客サービスもお客さまに提供できていないと言うことである。これではお客さまが増えないことを心配する前に、自分たちでお客さまを減らしている心配をしなければならない。

基本的なオペレーションの立て直しはすぐにしなければならないし、すぐにできるものである。これを解決しないで問題を放置しているのであれば、それは妥協か怠慢である。もしくは、自分自身の基準が恐ろしく低いことになる。

また、営業中の私語・雑談・空想・ぼんやりも厳禁だ。これも、オペレーションと躾の問題である。

常にお客さまのために仕事をし続けろ。これが基本にあることを忘れるな。

目の前の仕事に一心不乱に打ち込む！これが良い結果の源だ

良い成果を得る人は、目の前の仕事に一生懸命に打ち込んでいる。それは、四の五の言わずに一心不乱に問題と取り組んでいる状態のことでもある。

しかし、いろいろなことを言いながら、目の前の仕事に一生懸命に打ち込んでいない人がいる。つまり、問題と向き合わず、その問題から逃げている状態である。だから良い成果を得ることができないのである。

当然だが、良い成果を得るためには、一心不乱に目の前の仕事に取り組むことである。

このことが、自分を高め、そして、力をつけてくれる。目の前の仕事に一心不乱に打ち込むことには、自分を高め、そして人格を形成する力があるからである。

厳しい時代だが、この厳しさが自分を鍛えてくれることを忘れるな。そのためにも、まずは、問題と向き合い、そして、その問題と格闘し、最後には必ず良い成果を挙げることである。

日々の予算達成、ムダの排除を甘く見るな！同じ失敗を二度とするな

日々の予算達成、日々のコントロール、そして、日々の進捗確認が営業の基本で、これでようやく月次での責任遂行利益を果たすことができる。

必ず月末になって取り返しがつかなくなる、という人は、日々の闘いが甘い人と言える。それは、勘でスタンバイしたり、あと一品、あと一杯の追加注文を怠ったり、一日や二日の労働時間のムダ取りを怠ったことにより、月末には調整できない状態になってしまう人である。甘く見ているリーダーほど、その認識はなく、行動力も鈍い。

しかも、このことを何ヶ月も何ヶ月も繰り返している人がいる。同じ失敗は二度と許されないし、学習する能力がないと思われる。

我々は実行者であり、良い結果を出したときにだけ評価される。そのためには、全ての持っている力を使って業務に取り組むのが基本である。それは、日々予算達成、日々コントロール、そして、日々進捗の確認を行ないながら、しっかりと月末には決められた数字を残すことである。これでないと、店を守ることはできない。

四六時中、全精力を打ち込んでこそ、店は存続を許されることを忘れるな。

ハウスルール、就業規則は、100%実行が基本！

ハウスルールや就業規則といったルールは、全員100%実行が基本である。つまりパーフェクトでなければならないということである。

それは、一つのルール違反が次のルール違反につながり、そのルール違反がさらなるルール違反を呼び、ルール自体が意味をなさなくなるからである。

また、ルールは100%実行を基本にしないと、何一つ徹底することができなくなってしまうからである。

だから、ルールに関しては、ほんのわずかなことにも妥協せず、つねに完璧な状態を求めてゆくことである。

少々のことは仕方ないと思っている限り、完璧な仕事などできるはずはない。99%実行は、0%実行と同じである。

完璧主義を全うするのは大変難しいことだが、その完璧主義を守ろうとする姿勢があるからこそ、ルール100%実行もできるようになるのである。

モチベーションを与えるには、店長がまず、熱意、やる気を示すこと！

店で働く人たちにモチベーションを与え、そして、共に考え、共に行動することで、勝ちにこだわる集団ができる。そのためには、店に入る時は常に熱意を示し、そして誰に対しても親愛の情をこめてあいさつをすることである。

そして、「やってほしいこと」を、熱意をもって、先頭に立って示すことである。自分自身がやる気を示し、そして自らが実践すれば、店の人たちも必ず同じようにやってくれる。それが店の人たちに対する一番のモチベーションになる。

良いモチベーションを与えられた人たちは、即刻、新たな行動を開始する。逆に、モチベーションの不足は、まさにそれ自体が"やる気"を失わせることになる。

元気なあいさつは、お客さまも仲間も業者も元気にし、店を活性化させる！

元気なあいさつは、人間関係をなめらかにし、そして、店を活性化してくれる。おはようございます！　ご苦労さまです！　お先に失礼します！　お疲れさまでした！お願いします！　いらっしゃいませ！　ありがとうございます！等など全て潤滑油である。

元気なあいさつができない店、あいさつが無い店、そんな店にロクな店はない。店を活性化させるためにも、どんどん元気なあいさつを交わすことである。

お客さまには当然、仲間にも当然、そして、業者さんにも当然のこと、元気なあいさつを交わそう。元気なあいさつが店を元気にし、仲間を元気にし、そして、お客さまも元気にする。そんな元気なあいさつができる店にお客さまも集まってくる。

あいさつには、そんな人間関係をなめらかにする力がある。

お客さまに良い記憶が残る仕事をすることが、すなわち、販促に！

昨日どこの店に行ったのか？　その時何を食べたか？　そして、どんな接客サービスを受けたか？等、お客さまの記憶に残らない店では、二度目三度目のご来店にはつながらない。しかし現実は、そのほとんどが記憶にも残らない店である。つまり、オペレーションが販促になっていないということである。これだから、店が繁盛することも、成長発展することもないのである。

店を繁盛店へと導くためには、お客さまの記憶に残る仕事をすることであり、Q・S・Cを高めるためにも、お客さまの記憶に残る仕事をすることである。それが、二度目三度目も選んでいただける店になる最良の方法である。

オペレーションの基本も、そんな良い商品に、良い接客サービス、そして、良い店の清掃が基本。商品＝販促、接客サービス＝販促、そして、店の掃除＝販促になっているということでもある。それも、お客さまの記憶に残るレベルで提供しなければならない。間違っても、悪い記憶が残る仕事だけはするな。

商品、接客、清掃への熱い思い、強い想いが全員に必要！

厳しい状況が続いているが、店が成長発展するためには、我々一人ひとりの仕事と店に対する熱い想いが必要である。それは、商品に対する熱い想いや、接客サービスに対する熱い想い、それに、店の掃除に対する熱い想いのことである。

売れていない店の共通点には、いろいろと言われるが、突き詰めると、商品や接客サービス、それに、店の掃除に対する熱い想いが足りない点がある。

つまり、商品に対するこだわりが足りない、接客サービスに対するこだわりが足りない、それに、店の掃除に対するこだわりが足りないということである。これだから売れない、これだからクレームが多いのである。

飲食店の仕事に対する熱い想いが足りなければ何をやっても売れない。今の時代を乗り切るためには、そんな一人ひとりの熱い想いを本物にしてこそ、真の成長発展を望める。繁盛店には、そんな全員の熱い想いがある。

一歩、一秒、一円の積み重ねから、売上げと利益の成果を追求！

我々の商売は、一歩、一秒の活動を一円の売上増と一円の利益増に結び付けなければならない。我々の商売は、そんな小銭をかき集めて結果の利益を追い求める仕事だからである。にも関わらず、一歩・一秒・一円のムダな活動を垂れ流している人が多くいる。

そんな人に共通するのは、ただ単に時間を使っているだけで、活動を成果に結びつけて考えていないことにある。

働いた時間と成果が一致するのであれば、誰でも多くの時間を費やすが、残念ながら働いた時間と成果は一致することはない。

良い成果を残したいと思うのであれば、成果に結びつく活動をするしかないのである。これは、売上げに対しても利益に対しても同じで、具体的な活動をしない限り結果の成果を得ることはできない。

お客さまに喜ばれる当たり前のことができて、店を繁盛させられる！

よく奇手、妙手が大切と言うが、そんなことが通じるのは一瞬のことである。継続的に成長するためには、きわめて常識的なこと、つまり当たり前のことが大切である。

それは、あくまでも平々凡々、当たり前のことを至極当たり前にやり切ることである。

おいしい料理に、丁寧な接客サービス、それに、よく掃除された店に、元気なあいさつと返事、さらには、正しい身だしなみに、お待たせしないオペレーション等、これらの当たり前のことを徹底してやり切ることである。

しかし、この当たり前のことがなかなか当たり前にできていない現状がある。だから、店が良くなることも、成長することもできないのである。店を良くするのは、この当たり前のことを当たり前にできるようになることである。

商品が販促、人が販促、そして、店そのものが販促なってこそ繁盛する。

働く人のレベルは、トレーニング、コミュニケーション、モチベーションで決まる！

我々は、我々の仕事の目的である「お客さまの満足を得る」という責任を、一人ひとりの成長から店舗組織を作り上げることで果たしてゆく。それはまさに、良いトレーニング、良いコミュニケーション、良いモチベーションに裏付けされた店舗における人材育成のことである。これが店舗のＱ・Ｓ・Ｃのレベルを決定する。

すなわち、店舗のＱ・Ｓ・Ｃとは、まさにそこで働く一人ひとりのレベルであり、それは、良いトレーニング、良いコミュニケーション、良いモチベーションのことである。

これを確実に理解し、そして、これができるようになると、店舗運営がうまくいき、店内組織が機能することになる。そして、店舗組織がうまく機能し、Ｑ・Ｓ・Ｃのスタンダードをお客さまに提供できれば、結果的に来客数の増加につながり、売上・利益のバランスも取れるようになる。

仕事を教えないで仕事をさせるから、店の不人気の蓄積になるのである。

場当たり的な仕事をするな。いい成果につながる循環を身に付けろ！

仕事の循環とは、一つひとつの問題解決をしながら、結果として店を「より良く・より強く」してゆくためのものである。現実には、場当たり的な仕事を繰返している人、中途半端な仕事をしている人、それに結果もロクに確認しない人がいる。そんな人に共通する点は、責任の自覚と反省の促しが足りないことと、基本的な仕事の循環を分かっていない点である。これでは絶対に問題が解決することも、店が良くなることもありえない。

仕事で一番大切なことは、問題を解決しながら確実な前進をすることである。それは、問題を発見し、原因を分析し、対策の判断を行い、次に、対策の計画を練り、その計画を確実に実践することである。そして、途中途中での進捗の確認をし、最後は結果の分析をすることである。

この一連の仕事の循環が結果の成果となることを忘れるな。この一連の流れを明確にしたものが「マネジメントサイクル」だ（次ページに説明）。

マネジメントサイクル　7Steps!

マネジメントサイクルとは、組織や店の問題を解決しながら、より良く、より強くしてゆくための仕事のサイクルのことで、それが仕事の循環になっている。つまり、問題を発見し、そして、その問題を解決し、また新たな問題に挑戦するということを繰り返し行うことで、結果としての成長発展を目指すことである。

この一連のマネジメントサイクルを身に付けることが、これからの自分自身の成長を決定すると言っても過言ではない。

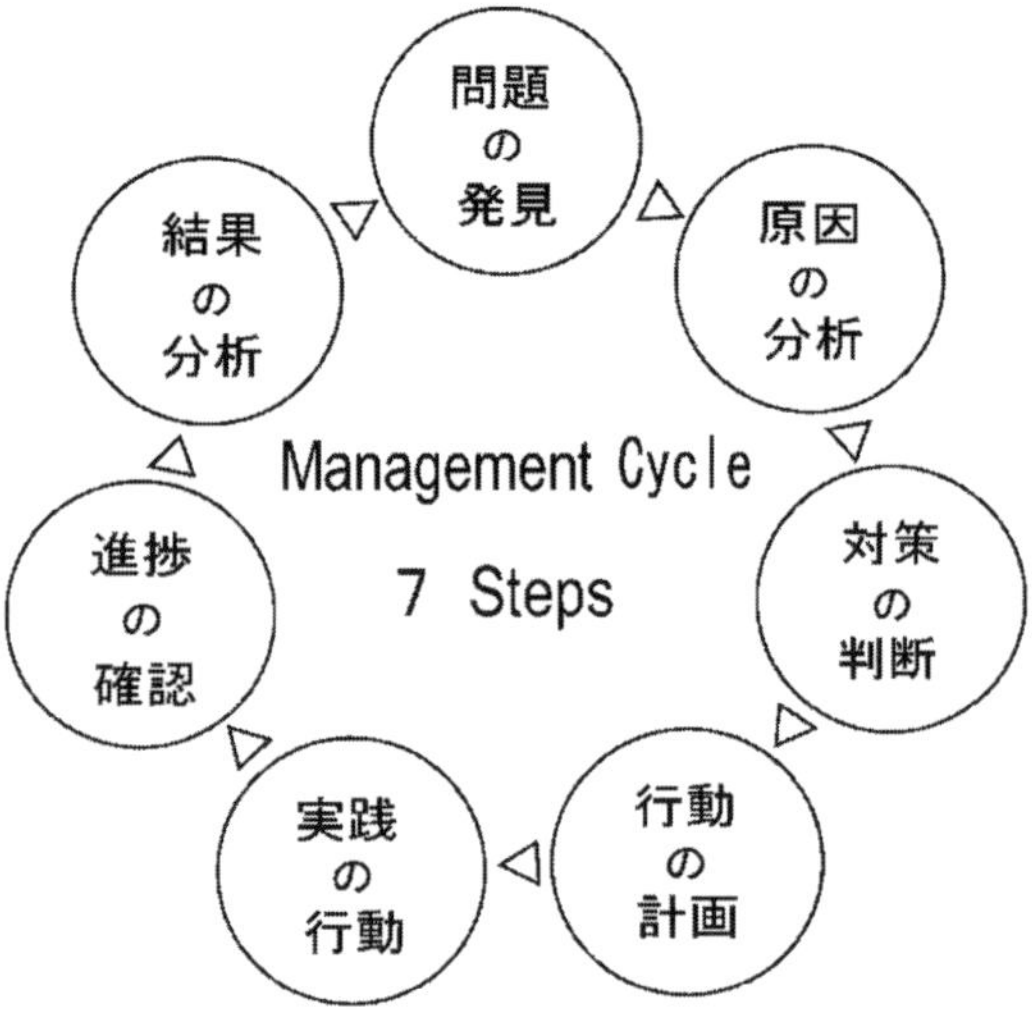

Step 1 問題の発見

仕事のスタートは、問題点の発見である。

よく言われる「仕事への問題意識を持て」ということだが、仕事への問題意識を持ち、問題点を発見するには、その前にまず、仕事の基礎知識や仕事に対する価値判断基準といったものがなくてはならない。これがあって、はじめて仕事に対する問題意識を持つことができる。

店の問題であれば、状態や数字のスタンダードがモノサシになる。このモノサシの下、現状から問題点を明らかにすることが問題の発見である。

Step 2 原因の分析

さて、スタンダードに基づいて問題点を発見したら、次に行うことは、その問題がなぜ起きるのかの原因を突き止めることである。

当然だが問題には必ず原因があり、その原因を探らなくては、その問題は解決しない。しかし、この原因分析を徹底的に行わない人がいる。問題点がいつまで経っても解決しないのはこのためである。

そこで原因の分析で最も大切なことは、問題の真因を探すために、「なぜ？　なぜ？　なぜ？　なぜ？　なぜ？」を5回以上繰り返すことである。

この徹底した問題点の掘り下げが、原因を明確にし、そして、その問題点を解決へと導いてくれる。

Step 3 対策の判断

問題の原因を分析したら、次に行うことはその問題が解決し、今までよりも良くなるための対策案を決定することである。

つまり、問題解決のための具体的な打ち手を決めることである。

ここで注意しなくてはならないことは、問題の原因と対策の判断が論理的に結び付いていることにある。

Step 4 行動の計画

次は、対策の判断を確実に実行に移すための行動計画の作成である。

この行動計画には、具体的に、誰が、何を、どこで、といったことが書かれていなくてはならない。この計画書に具体性がないと、対策の判断が実行に移されることはまずない。つまり5W2Hで行動計画を作成するのである。

自分の作成した行動計画が、この5W2Hにかなっているか、今一度チェックする必要がある。

※5W2Hとは、Who（誰がやるのか？）・What（何をするのか？）・Where（どこでするのか？）・When（それはいつするのか？）・Why（それはなぜするのか？）・How（どのようにしてするのか？）・How much（売上げと利益はどうなるのか？）

Step 5 実践の行動

どんなに立派な行動計画ができても、そのことを実践しなければ成果を得ることはできない。

良い成果を得るためには当然だが確実な実践行動が必要になる。成果の90％は、この実践行動で決まる。失敗を恐れずにどんどん新たな課題にチャレンジしなくては、何も得ることはできない。

Step 6 進捗の確認

進捗の確認とは、対策の途中確認を行うことである。

言いっぱなしや、やりっぱなしにならないよう、計画段階でこの途中確認を行う日を決定しておくことが重要である。

また、途中で進捗の確認をすることで、計画の修正や追加の教育といった、さらなる課題も明確になってくる。

この進捗の確認を行うことで、実践の行動にもさらに磨きがかかってくる。

Step 7 結果の分析

結果を把握することが、次への成長に結び付く。

もちろん良い成果を得ることに越したことはないが、失敗も次への成長に結び付くことを忘れてはならない。大切なことは、仕事の結果を分析することである。

以上が問題解決のためのマネジメントサイクルの7Stepsである。

この、問題の発見↓原因の分析↓対策の判断↓行動の計画↓実践の行動↓進捗の確認↓結果の分析といったマネジメントサイクルが、良い成果を得るための仕事の循環である。

つまり、問題の発見と原因の分析を行い、そして次には、対策の判断と行動の計画を立て、そして、その対策の実践行動を起こし、月中には、課題の進捗の確認をし、必要であれば対策の修正や追加の対策を取り入れ、最後は結果を分析することである。

このことを繰り返しながら、結果として「より良くより強く」なってゆくことが大切である。

チャンスを売上げ・利益に変える、勝ちを引き寄せる行動・考えをしよう！

強運な人、チャンスを売上げ・利益に変えることができる人、それに勝ちを引き寄せることができる人、そこには共通点がある。

それは、常に明るい姿勢と前向きな考えを持ち、そして、しっかりと営業前対策と営業中対策を行い、日々一生懸命な努力を怠らない人である。単に運が良いだけではない。日々の努力が勝ちを引き寄せているのである。

逆に、運のない人、チャンスを売上げ・利益に変えることができない人、負けを引き寄せる人、そこにも共通する点がある。

それは、何時も後ろ向きで、新たなことに挑戦もしなければ、決めた対策も中途半端で、それでいて出た結果に対して愚痴と言い訳を探している人である。これでは、勝ちを引き寄せることも、チャンスを売上げ・利益に変えることもできない。

商売で勝つためには、常に前向きな考えを持ち、そして新たなことに挑戦し、決めた対策はトコトンやり切ることである。これでこそ、自らの力で勝ちを引き寄せることができる。

問題の解決には、まず客観性。そして、解決のための具体的な道筋を！

問題解決の対策には、客観性と論理性が必要である。まず、客観性がないと事実確認が弱く、問題を真正面からとらえることができない。これだから、精神論と抽象論になる。問題をしっかりと認識して、はじめて、その問題を解決することができることを忘れるな。

次に論理性が必要になる。つまり、問題を解決するための道筋を決めることである。ここに具体性がないから問題が解決しないのである。誰がやるのか？　それは何時やるのか？どんな方法でするのか？といったことである。これらが整理できてはじめて確実に店の問題が解決される。

特に行動計画には具体性が必要で、それにより成果が決まる。そのためにも、全ての行動計画を５Ｗ２Ｈで確認することである。

店長の基本姿勢は、自覚→自発→自治の行動から！

自覚とは、自分の立場、自分の責任を理解し行動することをいう。つまり、責任を自覚し、責任ある行動をし、反省の促しをすることである。

そして、自発とは、自らが考え、自ら行動することをいう。

「どうしますか？」――これでは話にならない。しっかりとした責任の自覚の下、「こうしたいと思いますが、どうでしょうか？」――これでなくてはならない。

そして、最後の自治とは、自分の所は自分でしっかりと管理することをいう。

つまり、自分の立場や責任を自覚し、何事にも自ら考え、自ら行動し、そして、自分の所は自分でしっかりと管理するということである。

これは仕事をする上での基本的姿勢の一つでもある。そして、これは、店長である以上、全員が身につけなくてはならないものでもある。しかし、現状は、まだまだ自覚が足りない人！　自発が足りない人！　自治が足りない人がいる。

「売上げを最大に、経費を最小に」という考えを大切に！

経営の基本は、「売上は最大に、経費は最小に！」これを実践することである。ただ、売上げを増やしながら経費を減らすというのは、生半可なことではできない。そこには、知恵と創意工夫、そして、大変な努力が必要になる。しかし、大きな努力をするから、結果の数値が変わるのである。

もともと、計画した売上げを達成するために経費を使っていくことが基本原則のはずである。そうであれば、売上げと経費は常にバランスが取れていなくてはならない。しかし、実際にはそうはなっておらず、経費だけを使っているのが現状である。つまり、経費の予算だけ使って、入ってくる方の売上げは守っていないということになる。入ってくるのが少ないのであれば、当然、出るものも少なくなって当たり前である。これが守れない所が赤字で、責任遂行利益を全うしていない所である。そこで、基本的な考えとして、売上げを最大に、経費を最小にという考え方が大切になってくる。

いい朝礼は、3つのキーワードで

パッション！ミッション！ハイテンション！

朝礼は、仕事と営業のスイッチを入れる場であり、さらには、自分自身の気持ちをしっかりと高める場でもある。

また、朝礼では、仕事に対するパッション（情熱）・ミッション（使命）・ハイテンション（意気込み）、これらをお互いに確認し、そして、高める場でもある。

1 パッション（情熱）がスタート！

目標を達成するためには、我々一人ひとりがまずは燃えなくてはならない。それは、情熱や熱意が物事を成就していく基本になるからである。

そのためには、まずは我々一人ひとりが燃え上がり、さらに、そのエネルギーを店の人たちに与えることが必要になる。そんな全員の燃え上がる情熱と熱意が我々を勝ち組へと導いてくれる。

2 ミッション（使命）が仕事のベース！

我々のミッション（使命）は、社是やモットーの実践行動で、それは、お客さまの満足を得ることでもある。

すべての仕事は、この社是やモットーがベースになっている。そこで朝礼では、この社是やモットーを斉唱することにより、毎日仕事の目的を確認し、毎日がオープン！　毎日が初演！　の営業をすることを基本にすること。

3 ハイテンション（意気込み）が決め手！

元気が店に活力を与え、そして、元気が我々に勝ちを引き寄せてくれる。そんな元気は、自分の気持ちの持ち方で決まる。

誰にでも、元気が出ないときや、辛いときはある。それは、人なら当たり前のことである。

しかし、人は楽しいから笑うのではなく、笑うから楽しくなるのだ！という言葉もあるように、すべては自分の心の持ちようで決まる。元気も同じで、大きな声を出すことで元気が湧き、仕事に対する意気込みも高まる。

そこで、朝礼では、大きな声を出すことで自分に元気を与え、そして仲間に元気を与えることで、仕事に対する意気込みを高め、自らの力で勝ちを引き寄せなくてはならない。

実行することが成果！そして、目標達成への執念を持て！

目標を実現するためには、具体的に行動を起こすしかない。つまり、目標を達成するために決めた対策を実行に移すということである。

これは当たり前のことだが、なぜかその決めた対策を実行に移さない人がいる。また、その対策の実行が中途半端な人がいる。だから成果が出ないのである。

仕事の目標であれ、個人の目標であれ、一旦決めた目標は成し遂げるまでやってこそ価値がある。だから成果を得るためには、確実に対策を実行する必要がある。それも、すぐやる、トコトンやる、徹底してやることである。

もちろん、実行した中には失敗もあるが、失敗は改めて、次の新たな行動に移し、そして、目標を達成するまで行動すれば最後には必ず目標は達成される。

だから、計画を作って終わり、対策を決めて終わりということは、絶対にあってはならない。目標達成に対する執念こそが、最終業績を決めることを忘れるな。

実行力＝業績を上げること！修正も行動しながら進めよう

結果の業績が伴わなければ評価されないのが、ビジネスの世界である。だから、常に良い結果を残すことを第一に考え、そして、行動する必要がある。そのためには、決めた対策を実行に移す力が必要になる。それは、実行力＝業績を上げることを意味しているからである。

逆の言い方をするならば、業績を上げることができない人は、決めた対策を実行に移す力がないということである。

成果の90％は、この実行力で決まると言われるぐらい対策を実行に移すことが重要である。それは、どんなに良い計画でも、実行しなければ絶対に良い結果を得ることはできないからである。

もし、対策に少しばかり不備があっても、行動しながら修正すれば、良い結果は必ず出る。つまり、走りながら考え、そして、考えながらまた走ってゆくということである。

ご案内と会計の場面で、「店格」が決まる！店格の重要性を理解しよう

ご案内係と会計係は、店の顔であり、その店の顔で「店格」が決まる。それは、最初にお客さまをお迎えし、最後にお客さまをお見送りすることで、決定的な店の印象が決まってしまうからである。その役割を担っているのが、ご案内係と会計係であるが、その役割を果たしている人が実に少ない。

この仕事の重要性を本当に理解しているか？　誰でもよいと思っていないか？　お客さまを減らすような人を配置していないか？

ご案内係と会計係の仕事をするためには、圧倒的な笑顔と感じ良さ、それに、圧倒的な元気ときちんとした身だしなみが絶対必要条件になる。これによって「店格」が決まることを忘れるな。

良くないときこそ、諦めないで、ひた向きな努力を！

当たり前だが、仕事には良い時もあれば、苦しい時もある。しかし、いずれの場合も、それがずっと続くことはありえない。だから、いま悪いからといって、それで最後というわけではない。必ず良い時期が訪れてくる。

そのためには、諦めずに、ひたすら努力することである。厳しい時に諦めるから、良い時期を迎えることができないのである。

厳しい時にこそ、一つひとつの努力が大切になり、それが必ず良い結果につながってくる。

良くない時に、良くない理由を探したり、できない理由を見つけても得るものは何もない。大切なことは、一つひとつの問題を確実に改善することである。そうすれば必ず突破口が見えてくる。

良いトレーニングを実施しないと、店の人気も生まれない！

店の人気を高めるためには、人を育てるしか方法はない。それは、人がオペレーションを決め、オペレーションが人気を決めるからである。また、日々の良いトレーニングが、今後の店舗運営を円滑に進めると共に、多大なコストがかかる急場しのぎのトレーニングを始める必要もなくなる。それは、人が定着し、戦力がアップすることで、コストが安定するからである。

最悪の状態は、新人を採用してもロクなトレーニングをしないで放置することである。これでは、せっかく採用した人に店を辞められるということになる。そんな店は、人が足りないのではなく、人が定着しないだけである。人が定着しないから、人が足りなくなり、そしてコストも安定しないのである。

トレーニングこそが、店の一番重要な仕事であり、トレーニングを実施することでしか店の人気も、利益も増えない。もっともっと仕事を教えることに一生懸命になることである。

店の評判は、働く一人ひとりのモラル、仕事のレベルで決まる！

店は、人に始まり人に終わると言われるように、全ては、人づくりからスタートする。繁盛店の共通点も、働く一人ひとりのモラルの高さと仕事のレベルの高さがある。

店の評判とは、そんな働く一人ひとりの仕事ぶりで決まる。

そこで、必要になってくるのが人の育成、つまり店で行われる実地での教育訓練である。この教育訓練こそが、店を繁盛店へと導いてくれる。

そして、この教育訓練の内容は2つ。

一つ目が躾《しつけ》（やってはならないことを教えること）で、二つ目が仕事（やってほしいことを教えること）である。

この教育訓練を行なわない限り、店は絶対に良くならない。つまり、教育訓練ができない店長は、店を発展へと導くことも、ましてや繁盛店へと導くことも不可能であるということである。人づくりこそが、繁盛店への道になることを忘れるな。

トレーニングのスタートは、躾《しつけ》＝やってはならないことを教えること！

トレーニングは仕事の教育だけではなく、躾《しつけ》の教育が大変重要になってくる。それは、身だしなみ・あいさつ・返事・言葉づかい・ぼんやり・よりかかり、さらには、空想・おしゃべり等、見逃してはならないことがたくさんあるからである。

そこでトレーニングの最初は、必ず、躾から行なわなければならない。

躾と言う字は、身を美しくすると書く。反対に、身が美しくないということは、躾ができていないということで、不健康な状態と言うことである。その躾とは、「やってはならないこと」、これを明言し、教えることである。

当然だが、我々が見本であることが絶対条件である。自分もやっていないことを、みんなにやらせることは絶対にできない。

自らが、元気、やる気、本気の火種とならねば、目標達成は無理！

目標を達成するためには、まず、自らが燃えなくてはならない。それは、熱意と情熱が目標を達成する原動力になるからである。

熱意と情熱が足りなければ、執着心と粘り強さが生まれず、仕事が中途半端になり、最後までやり切ることができない。また、熱意と情熱が足りなければ、仕事に迫力が生まれず、店の人たちを巻き込むこともできない。

店が繁盛店へと歩むためには全員の力が必要になってくるからである。

そのために必要になるのが熱意と情熱で、自らが燃えることである。

それは、自らが、元気！やる気！本気！の火種となることである。それが、店の人たちの心に火をつけ、執着心と粘り強さになってくる。

問題の数だけ、新たな挑戦、改善の余地がある！

どの一日として同じ一日はない。毎日が新たな挑戦の一日である。だから、問題が尽きることも、対策が尽きることもない。もし問題が分からない、対策が分からない、と言うなら、いっそ仕事を辞めることである。

我々には、まだまだ無数の間違いと問題がある。だから、改善の余地も無限にある。

つまり、我々にはたくさんの新たなチャンスが待っているということである。その問題と格闘し、一つひとつ問題を解決することで、新たなチャンスを自分達で引き寄せていけるのである。

また、解決のできない問題もこの世には存在しない。どんな問題も整理でき、どんな問題も解決できる。

大切なことは、根気よくその問題解決に努力することである。

そんな挑戦の連続が成長発展へとつながる。

来客数も客単価も、店の人間力が高める元になる！

売上高は、来客数×客単価で決まる。

そうすると、売上高を上げるためには、来客数を増やしてゆくか、客単価を上げてゆくかである。

当然だが来客数を増やすためには、ご来店いただいたお客さまの満足を得ることが一番になる。満足してくれたお客さまが増えると来客数が増え、その結果、売上高がアップする。さらには、チラシ販促やWeb、それに外商等により来客数の上乗せを図ることも大切になってくる。まずは選んでいただける、さらには、二度目、三度目も選んでいただける店にすることである。

次に、客単価を上げるためには、メニューの見直しもあるが、我々の商売は、注文受け、空いた器の引き下げの際の、一品・一杯の追加推奨販売の実行がある。これによって客単価をアップすることができ、その結果、売上高がアップする。つまり、来客数を増やすことも、客単価を上げることも、一人ひとりの活動が決め手になる。これが人間力による売上げの積上げになる。

お客さまの、店への第一印象と同じ目線でチェックしよう！

店に入った途端に嫌な感じを受ける店がある。その原因の多くは、店で働く人達の身だしなみとあいさつの悪さにある。

実はこの従業員の身だしなみとあいさつで、お客さまは店を評価している。特に初めてのお客さまは、その店の働く従業員を見て店の良し悪しを決める。

働いている従業員が、元気なあいさつと、清潔感がある身だしなみをしていれば、お客さまから最初の信頼を得ることができるが、無愛想な表情、だらしのない身だしなみでは、お客さまから不信感を得ることになる。

あなたにとっても第一印象が大切なのと同じで、店にとっても第一印象は大切なことである。

特に我々の商売は、何よりこの第一印象を大切にしなければならない。身だしなみ、あいさつ、そして掃除は、この商売で繁盛するための基本中の基本である。

特に年度のスタート（4月）は、新しい仲間が増える時期でもあり、店の印象を変える絶好のチャンスでもある。その時、新人の人たちは先輩準を見て育つ。

だから、店の印象を変えるためには、まずは先輩の人たちをしっかりと教育する必要がある。

新人だけを教育しても店は良くならない。先輩の人には、新人の人はみなさんを見て育つこと理解させ、まずは先輩に基本を教えなくてはならない。

そうすれば、新人も育ち、そして、その新人の定着も高まる。こんな努力が営業の大きな力となる。

いかに経費を、ムダなく、ムリなく、ムラなく使うかが勝つための要因に！

利益は、売上高から経費を引いたものである。

そうすると、利益を上げてゆくためには、売上高を上げるか、経費を下げるしかない。

当然だが、利益を高める一番は、なんといっても売上高を高めることである。しかし、最大限の利益を追求するためには、売上高に合わせて経費を使うことである。

経費は使いすぎれば、ムダを発生させることになり、予定していた利益を確保することができなくなる。

また、逆に、経費を使わなければ、ムリが発生し、一時的な利益が確保できたとしても、お客さまの満足を得ることができず、結果、利益を確保することができなくなりがちだ。

さらに、経費の使い方にバラツキがあれば、ムラが発生し、やはり結果的に利益を確保することができなくなってくる。

この経費をムダなく、ムリなく、そしてムラなく使ってこそ、最大限の売上高と最大限の利益を確保できる。

これからの戦いは、そんな徹底してムダ・ムリ・ムラを排除し、さらには、効率化を図ることで生産性を高めなくてはならない。

笑顔は最大の商品だから、忙しい時こそ最高の笑顔を！

我々にとって忙しいことはたいへんありがたいことである。それは人気の蓄積を図る絶好のチャンスで、しかも、しっかりと利益も残すことができるからである。だから、その忙しい時に、最高の笑顔で仕事をしなければならない。

笑顔の素敵な人は、誰からも愛される素質を初めから持っていて、第一印象がとても良い。我々の商売も、この第一印象が何より大切で、その時の接客次第で店の人気も決まる。

そんな第一印象が決まる接客時に、お客さまにアピールできる笑顔は最大の商品になる。笑顔それだけで大きな商品価値がある。

逆に、無愛想な表情や、元気のないあいさつ、それに、だらしない身だしなみは、店の評判を下げるだけではなく、お客さまの楽しい時間を奪うことになる。そんな状態では、店の人気の蓄積を図ることも、業績を伸ばすこともできない。

店の人気を高める商品の一つが、いつでも、どこでも、どんな時でも笑顔で接客することである。これは、この仕事を生業としているプロの絶対必要条件でもある。

不景気になり、売り手市場から買い手市場に移行した途端、急激に業績が厳しくなった店が多くある。しかし、全ての店が悪いわけではない。ただ、業績が良い店と悪い店が、よりはっきりしただけである。

業績が良い店とは、当然だが、お客さまから選ばれた店であり、逆に悪い店とは、お客さまから選ばれなかった店のことである。お客さまは、店に行って得をするからまた行くのであって、店に行っても損をする店には二度と行かない。

そのお客さまに「得をした」と感じてもらえるものの一つが、記憶に残る接客サービスである。

つまり、同じ商品を売ったとしても、お客さまに得を感じてもらえることもあれば、逆に、お客さまに損と感じさせてしまうこともあるということである。

料理が遅い、ドリンクがなかなか出て来ない、無愛想な接客だった、呼んでも返事もしないということ等は、損をしたと感じる一例である。

これとは反対にに、親切に対応してくれた、感じが良かった、お料理がおいしかった、何かを頼んでも嫌な顔一つしなかった等は、得をしたと感じる一例である。

次回も選んでいただける店づくりを、全員でつくり上げよう！

このように、働く人達の仕事の考え方や仕事の進め方の違いによって、お客さまは、得をしたり、損をした、と感じるのである。

お客さま第一主義、お客さまの立場で考えようとは、そんなお客さまに得をしたと感じてもらえる仕事をすることで、次回も選んでもらえる店にするということである。

繁盛店とは、そんな一人ひとりの仕事ぶりの結果生まれる。だから、接客サービスの良し悪しで店の評判が決まり、そして、次回の来店に結び付く決定的な要因の一つとなるのである。

コミュニケーションの7つのコツ

コミュニケーションを取らない限り、店が良くなることも、また繁盛店になることもない。そんなコミュニケーションは、何も特別なことでも、何も難しいことでもなく、コツをつかんで実践すれば、必ず全員が身に付き、そして店も良くなる。

1 「おはよう」「ありがとう」も立派なコミュニケーション！

毎日のあいさつの「おはよう」や「ありがとう」も立派なコミュニケーション。そのためには、毎日自分から進んで先にあいさつすることが大切である。また、「ありがとう」という一言は、言われた人にとってたいへん嬉しい言葉である。

2 元気と笑顔も立派なコミュニケーション！

元気と笑顔も立派なコミュニケーションである。そのためには、まずは自分自身に元気と笑顔が必要になる。その元気と笑顔が、部下を明るくし、部下を元気にする。元気を与える、笑顔を与える、これも立派なコミュニケーション。

3 あなたの「やる気」も立派なコミュニケーション！

あなたが「やる気」を持って店の人たちに接すれば、店の人達も、同様に「やる気」を持って仕事に取り組んでくれる。これも立派なコミュニケーション。店の人たちはあなたの後姿を見て仕事をしていることを忘れないことである。

4 「やってほしいこと」、「やってほしくないこと」これを伝えること！

単に思っているだけで、口に出して言わなければ相手には何も届かない。「やってほしいこと」、「やってほしくないこと」、これを言葉で伝えることである。これはコミュニケーションの中でも基本中の基本になる。

5 ほめること、注意すること、これもコミュニケーションの基本！

仕事ぶりやルール等を観察し、良い点はほめ、悪い点は改善を促す。これも仕事上の基本的なコミュニケーションになる。ポイントは、仕事の内容と行動についての良し悪しをはっきりすることである。

6 相手の話を聞くこと、これも大切なコミュニケーション！

一方的に話してコミュニケーションが成立するわけではない。相手が理解し、合意し、はじめてコミュニケーションが成立するのである。そのためには、相手の話を聞くことである。これも大切なコミュニケーションの一つ。

7 言わないコミュニケーションもある！

言わないことは、良い行為であれ、悪い行為であれ、その行為を認めることになる。だから、良い行為を認めれば、それは繰り返されるが、逆に、悪い行為を認めても繰り返され、今以上に悪くなる。やってはいけないことを言わないということは、やってはいけないことを認めることになる。これが言わないコミュニケーションである。店を良くするためには、思っていることを口に出して言うことである。それも、問題が小さい時である。

あなたの「やる気」をまず示せ。言動で表情で示せ、行動で示せ！

厳しい時こそ、あなたのやる気が店に勢いを付ける。あなたが「やる気」を持って店の人たちに接すれば、店の人達も同様に「やる気」を持って仕事に取り組んでくれるからである。店の人たちは、あなたの後姿をみて働いている。あなたが下を向いて愚痴や会社の悪口を言っているようでは、店の人達も同じように、愚痴と会社の悪口を言うようになり、店の勢いは減退するばかりである。これでは、自分で自分の店を悪くしている状態である。店とは、そんな自分自身を鏡に映したイメージである。

店のみんなに良い仕事をしてもらいたいのであれば、店の人達に、あなたの「やる気」を行動と言葉で示さなくてはならない。つまり、店舗に入る時から熱意を示し、誰に対しても明るく元気を込めて呼びかけ、そして、みんなにやる気と情熱と元気を与えることである。さらに、みんなの先頭に立って対策を示すことである。あなたが「やる気」を持って、明るく楽しく、前向きに仕事をしているならば、店の人達も、必ず同じように楽しくやる気を持って仕事をするようになる。店を変えたいならば、まずは自分自身の言動を変えることである。

クレームをなくすことは、繁盛店へのスタートに立つこと！

店づくりのスタートは、お客さまからのクレームをなくすことである。それは、ダメな所を直すことで、基本的なことができるようになるからである。

お客さまは何も特別なことを望んでいる訳ではない。当たり前のことを、当たり前にしてもらいたいだけである。だから、クレームのほとんどは基本的なことができなかったことに対するものばかりである。

Q＝料理が遅い、料理が冷たい、料理が不味い、ドリンクがこない、ビールがぬるい等で、S＝接客態度が悪い、呼んでも返事をしない、身だしなみが悪い、元気がない、何か言うと直ぐに言い訳する等で、C＝トイレが汚い、床がベトベト、前の人のゴミが落ちている、お皿やグラスが汚い、いたる所に埃がかぶっている等である。

これらは、できていて当たり前のことばかりである。しかし、このようなクレームが多数寄せられている。このような店は、お客さまが少ないと言いながら自分達でお客さまを減らし、勝手に不振店に転がり落ちている店である。お客さまの満足を得て、人気の蓄積を図ることが仕事なのに、逆のことをしている店とも言える。

お客さまの都合に合わせた電話対応をしているか！

予約が少ないと言っていながら、実は予約を取りこぼしている現状が多々ある。多くのお客さまは、お昼休み（12時〜13時）と終業（18時〜20時）に予約の電話を入れてくる。その時間に店で電話を受けて予約の対応ができなければ、当然、予約は入らない。この時間、忙しいからと電話に出ない店がまだまだある。

当然であるが、我々の仕事は、お客さまの都合に合わせて全ての仕事をする。これは当たり前のことで、基本中の基本である。いろいろな手を打つことよりも、確実に予約の対応ができるようになることが大切である。間違っても、我々の都合に合わせて、お客さまの方が予約の時間を変えたりはしないことを忘れるな。

人集めも執念が必要。諦めない行動力が不可欠だ！

人が集まらない、人が定着しない、人揃えができない、というのには必ず原因がある。その一番の原因は、店に人の流れ（採用→教育→定着→戦力）がないことにある。次に、人集めをすぐにあきらめて、何もしないで営業に突入することである。誰にも声をかけない、他店舗にも頼まない、辞めた人にも頼まない。人が不足していてたいへんな状態になっているのに何もしないでいることだ。

その人員不足が原因で、売上げも利益も落としている店がある。

人集めには、お客さまに対する責任と、会社と部下に対する責任がある。だから、人が足りない状況で絶対に営業に突入してはいけない。

現実に多いのは、平日には人員が多くいてムダを出し、週末には人員が足りなく機会損失を出している店。その結果、お客さまにはご迷惑を掛け、会社には売上げと利益の機会損失を発生させている。それでいて、人集めができないことを会社の責任や、外部の要因にしている店だ。人集めは神頼みでも、運でもない。確実な行動とコミュニケーションが重要である。人も集められないようでは、店舗運営はできない。

人件費と原価は、「真の管理」を追求し続けよう！

売上げは予算の上を行く戦い、経費は予算の下を行く戦い、これが基本である。これは何も我々に限ったことではない。

特に経費の管理については、昔から「真の管理」と言われ、原価や人件費の管理は、予算内に入れるだけでは真の管理とは言わない。真の管理とは、品質は落とさないで、徹底的に原価と人件費を下げ、効率を高め、そして生産性を高めることである。

これは、この時代環境の変化に対応する一番の対策にもなる。そう言った意味では、我々はまだまだ管理の入口である。

固定観念を取り払い、ムダを取り、品質と効率を高め、そして、結果としての原価と人件費を下げる努力を図れ。

「対策の見直し→次の行動」を日々して、成果が出るまでやる！

店舗運営では、日々、予算達成、日々コントロール、そして、日々進捗の確認が何より大切である。その時、数字が予定通りに行っていないのであれば、対策の見直しを図り、即刻次の行動をとらなければならない。その対策の見直しとは、

①対策が間違えていれば→対策を変更し、すぐに新たな対策で勝負する。

②対策が足りなければ→追加の対策を考え、即刻その対策を実行に移す。

③対策の実行が弱ければ→現地現物で指導し、対策の強化を図ること。

新たな対策を打つからこそ、期待する成果を得ることができるのである。

もし、実行しても期待する成果が出なかったら、再度対策を見直し、成果が出るまで戦うのみである。つまり、トコトンやる、徹底してやる、成果が出るまでやるのみである。この執念が強い行動力になる。特に、売上げの流れが厳しい今、売上対策の見直しは急務になってくる。黙っていて売上げが取れる時代ではない。

一番の問題は、対策を見直さないで、言い訳を探してくる人、できない理由を見つけてくる人である。これでは到底成果は期待できない。

問題が起きない努力をする！
準備段階での確認を徹底する！

問題が起こってから対策を打っているようでは遅すぎる。問題が起こる前に手を打ち、そして、問題が起きないようにすることである。これが、問題が起きない努力をすることである。

そのためには、準備段階での確認を徹底して行うことである。これを怠るから、どんどん問題が起きてくる。そして、後手・後手になり、良い結果を得ることができないのである。

その準備段階での確認とは、売上予測に対しての、人と食材の準備状況の確認で、ここを押さえていれば大きな問題は起きない。ここを押さえないから問題が後から起こってくるのである。それは、まだまだ雰囲気と感覚で仕事をしている証拠でもある。

お客さまの満足を得るための、仕事の5つの基本姿勢！

我々の仕事にとって何より大切なことは、お客さまの満足を得ることである。そこで必要になるのが、仕事に対する基本姿勢である。

そんな仕事に対する５つの基本姿勢を紹介する。

①お客さまは、私たちのビジネスの中で最も重要な方である。

②お客さまあっての私たちであって、決してその逆ではない。

③お客さまは私たちの仕事の邪魔者ではなく、仕事の目的そのものである。

④お客さまの期待に応えるのが、私たちの使命である。

⑤お客さまは、私たちの仕事にとっての命綱である。

クレームは、ほとんど「心がない」ところから起こる！

自動販売機は、故障しない限りクレームは起きないが、我々の商売は心がないとクレームが起きる。お客さまからのクレームは、そのほとんどが人災によるものである。残念ながら仕事にはミスはある。しかし、そのミスの内容と対応からクレームが起こり、店からお客さまが離れるのである。

原因には大きく二つのことが考えられる。一つ目は、一つひとつの仕事が作業になっているために、その作業が原因でお客さまに不愉快な思いをさせていること。

そして二つ目は、お客さまからいただいたクレームに対する対応が悪く、二次クレームになっているものがある。

両方とも、心がないことが原因で、雑な作業に、いい訳じみた対応で、我々の誠心誠意の気持ちがなかったことが原因である。

繁盛店になりたいのであれば、常に全神経を使って営業し、そしてお客さまと心を通わす商いをすることである。心もない商いでは、お客さまの満足を得ることもできなければ、お客さまから選ばれることはないと心得よ。

一組一組のお客さまを大切にする、その積み重ねしかない！

お客さまというのは、来なくて当たり前。もし来ていただいても、二度、三度目のご来店はなくても当たり前である。その来なくて当たり前のお客さまに、二度、三度目のご来店をいただかなくては繁盛店にはならない。

そのためには、一人ひとり、一組一組のお客さまを大切に守り育てることである。

その一人ひとり、一組一組のお客さまを大切に守り育てることが、何百人、何千人、そして何百組、何千組というお客さまを増やすことになる。

不振店のほとんどは、その一人ひとり、一組一組のお客さまを粗末にした結果、お客さまが店から離れ、そして、その店を選ばなくなったことによるものである。お客さまが来ない理由、お客さまが選ばない理由には、そんな粗末な営業が原因にある。

改善は、店単位が基本だから、お客さまの声が大切になる！

お客さまの満足度を高めることで、はじめて店の将来が約束される。そのためには、いかにしてお客さまの声を店の改善に役立てられるか否かである。お客さまの声は、そのためにある。

お客さまの声を導入している会社は、たくさんあるが、その声を本格的に店舗改善に役立てているのはほんのわずかしかない。お客さまの声に耳を傾け、日々の改善活動に結びつけるからこそ価値が出てくる。

だから、改善は店単位が基本で、そのお客さまの声に応え、熱烈なファンづくりに結びつける必要がある。そんなお客さまの声にお応えしてこそ、繁盛と発展の道を歩める。

まず正しく教え、オペレーションを安定させよう！

人が定着すれば、オペレーションが安定し、オペレーションが安定すれば、店は繁盛する。しかし、まだまだ多くの店で人の定着が進んでいない。

人が定着しないからオペレーションが安定せず、売上げが伸びないのである。その一番の原因が、オリエンテーションと初期教育の問題である。

それは採用するだけでロクに教育もしないで放置している状態のことである。だから、人が辞め、人が辞めるからオペレーションが安定しないのである。

そんな人対策の一番は、躾と教育と訓練を確実に行うことである。つまり、ルールを教え、次には、仕事を正しく教え鍛えることである。

正しく教えることが、楽しく仕事をすることにつながり、そして定着につながる。

逆に仕事ができないからオペレーションに振り回され、やる気をなくし辞めて行く。

人が定着しない店、オペレーションが悪い店の共通する問題である。

商売を成功させるためにも、しっかりとした躾と教育訓練をすること。

新人には、一つひとつ確実に・素早く・丁寧にできるように！

新人教育の基本は、一つひとつの作業を正しく教えることである。ここを正しく教えないから、仕事ができない人が増える。

これでは、いくら人が増えても戦力のアップにはつながらない。大切なことは、一度に多くのことを教えるより、一つ二つの仕事でも、確実に教えることである。これによって、店の戦力は確実にアップする。

そこで重要になるのが教育訓練の3つのポイントである。

①一つひとつの作業を正確にできる状態にする。

②その作業を素早くできる状態にする。

③その作業を丁寧にできる状態に持ってゆくことである。

店のオペレーションは、そんな一つひとつの作業の積上げで、正確性・スピード・そして、丁寧さが重要になってくる。

仕事とは格闘！

あきらめた営業には、負うべき目標がない。それは、気持ちが切れ、結果を追い求めない営業になっていると言うことでもある。

これでは、目標達成はおろか、店を成長発展へと導くことは絶対にできない。

店を成長発展へと導くためには、最後の最後まで目標を持ち、そして、問題と常に格闘することである。

それは、目標を全員で追い続けることであり、具体的には、予算比や前年比、それに予約消化率やF／Lコストの着地のことでもある。

例え、その達成率が80％でも、あきらめたら目標達成はおろか、前進することもできない。

大切なことは、明快な目標の下、最後の最後まで全員で戦い続けることである。この目標を追い求めることが強い心と執着心につながってゆく。

プラス思考で明るく、自ら考えて楽しく、すぐ実行して元気よく！

どんなに厳しい状況が続いても、店長は常に明るく、楽しく、そして元気よく仕事に取り組まなければならない。

店長が明るく仕事をするということは、常にプラス思考で考えるということで、今の時代であれば、この厳しさが我々を鍛え、店も強くしてくれると考えることである。良い仕事をすれば必ずお客さまが来てくれるということでもある。売上げが厳しい時は、それがまだまだ足りないという証拠である。

次に、楽しく仕事をするということは、主体性を持つということである。つまり、一人ひとりが責任を自覚し、日々反省をすることである。そのためには、上からの指示を待って行動するのではなく、自ら考え、そして自ら行動するということである。指示待ち集団では大きな力は生まれない。

最後に元気よく仕事をするということは、良いことは速やかに実行に移すということである。つまり、良いと思ったことは、すぐにやる、トコトンやる、そして徹底的にやる、この精神で取り組むことである。

店が汚いことを感じていない、この意識の低さが売れない源！

売上げの悪い店の共通点に、店が汚い、従業員に元気がない、そして、店に緊張感がない、という問題がある。中でも、店が汚いという問題は特に重症で、意識の問題とスタンダードの問題がある。そんな店の従業員に共通している点は、床にゴミが落ちていても誰も拾わない。つまり、床にゴミが落ちていても平気ということである。当然、トイレも汚く、キッチンは乱雑で床に生ゴミが平気で落ちている。

だから、お客さまの入店も気付かない、お客さまに呼ばれても気付かない、料理が遅れていても気付かない等の問題が普通に出る。

こんな意識の低い従業員では、店は絶対に良くならない。それは、異常を異常と思えない意識が店をダメにしているからである。

そこで必要なことが、あるべき状態について全員で確認することである。これができたら、次はその状態を全員で達成することである。そして、その状態を維持継続し、さらに良くすることである。これが店の緊張感と気付きにつながり、店をより良くより強くしてくれる。

スタートダッシュと追い込みができる店は、業績が伸びる！

良い業績を残すためには、スタートダッシュと追い込みが重要になる。これは、年間においても、そして、四半期でも、月次でも同じことが言える。

つまり、スタートダッシュで予定以上の実績を挙げ、そして、最後はしっかりと追い込みをかけることで業績の上乗せをすることである。これが良い業績を残すためには、最も重要なことだ。

このスタートダッシュと追い込みで、その月の業績も、そして四半期の業績も、さらには、その年の年間の業績もある程度決まってくることを忘れるな。

夢への挑戦
理想と進歩８つのステップ

1. 理想あるものは、希望あり
2. 希望あるものは、目標あり
3. 目標あるものは、計画あり
4. 計画あるものは、行動あり
5. 行動あるものは、結果あり
6. 結果あるものは、反省あり
7. 反省あるものは、進歩あり
8. 進歩あるものは、理想あり

店長の８つの責任

①お客さまの満足と感動に対する責任！

店長の責任の一番は、当然だが、お客さまの満足と感動に対する責任である。これは、仕事の目的遂行であり、社会にお役に立つということでもある。

しかし、このお客さまの満足と感動に対する責任を果たしているところが少ない。だから、売上高が悪いのである。売上高が悪いのは、何も景気が悪い訳でも、競争相手が増えているのが原因でもない。一番の問題は、お客さまに対する責任を果たしていないことにある。

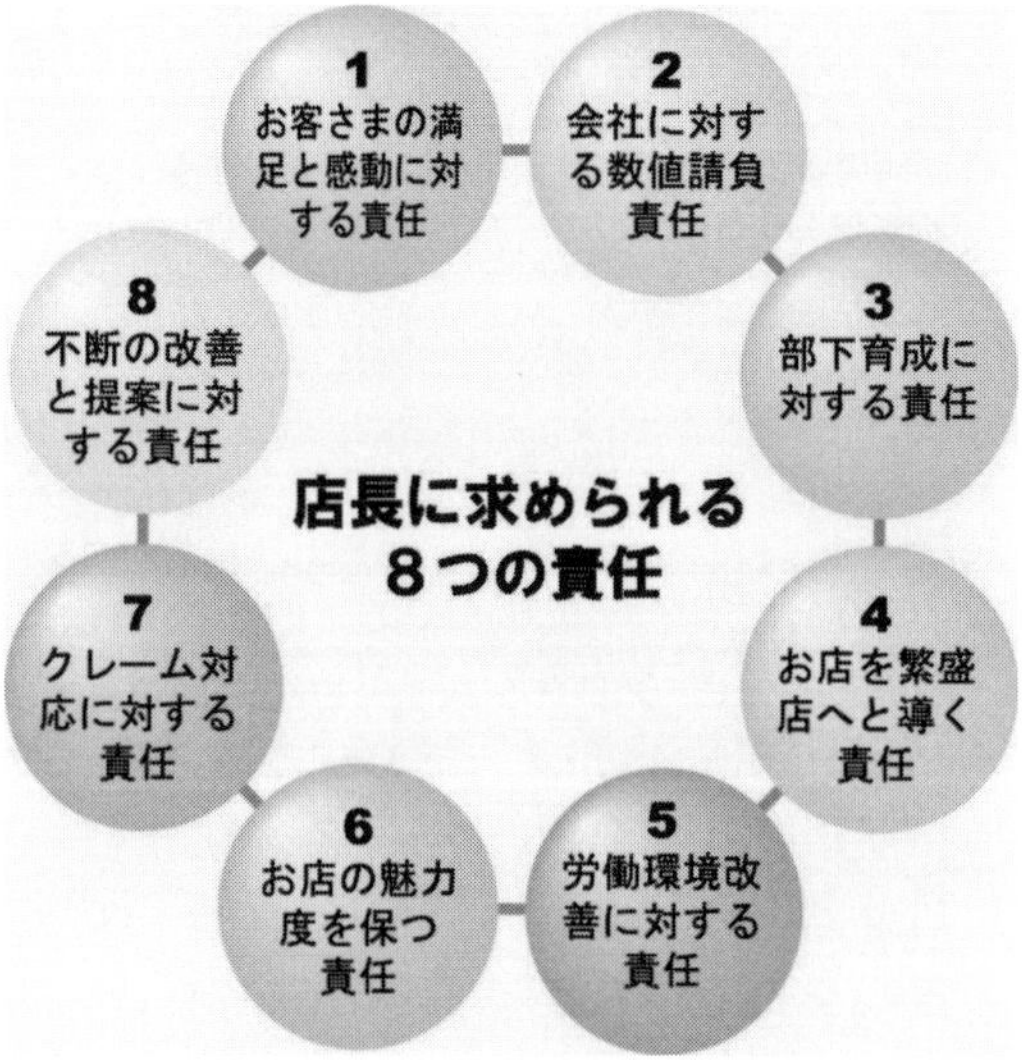

1
お客さまの満足と感動に対する責任
2
会社に対する数値請負責任
3
部下育成に対する責任
4
お店を繁盛店へと導く責任
5
労働環境改善に対する責任
6
お店の魅力度を保つ責任
7
クレーム対応に対する責任
8
不断の改善と提案に対する責任
店長に求められる
８つの責任

②会社に対する数値請負責任！

店長の責任の２番は、会社に対する数値請負責任である。つまり、売上高と利益の予算を達成することである。

予算とは、会社と店長が約束した絶対的必達目標である。

③部下育成に対する責任！

店長の責任の３番は、部下育成に対する責任である。

部下育成に対する責任とは、仕事を知らない店の人たちに仕事を教え、そして仕事の楽しさを教えることで、店で働く人たちに良い仕事をしてもらうことである。

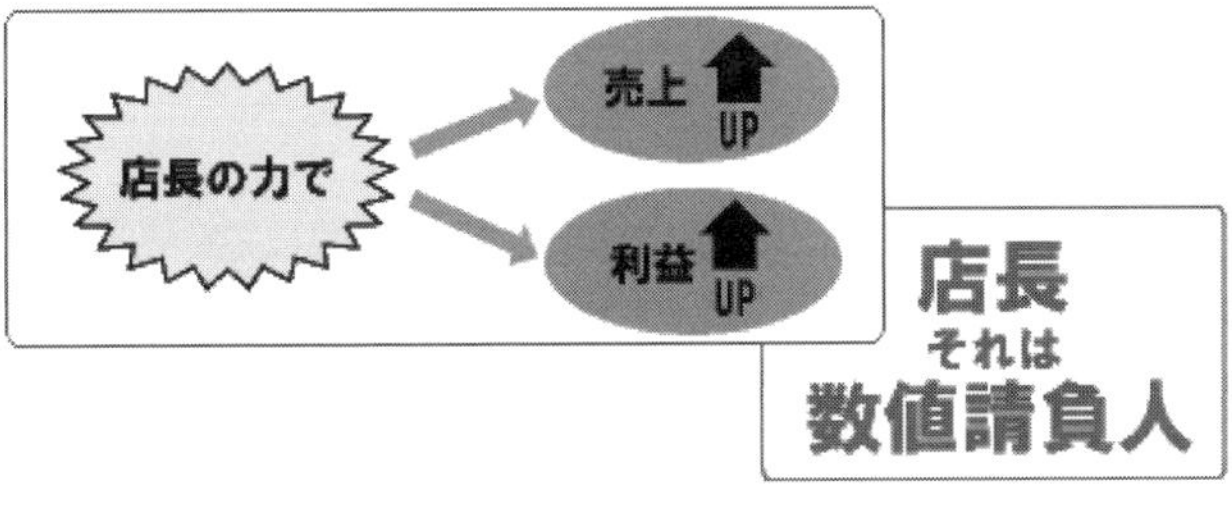

④店を繁盛店へと導く責任！

店長の責任の4番は、店を繁盛店へと導く責任である。

これは店長にとっても最も難しい仕事になってくるが、これができる店長こそがプロフェショナルな店長と言える。そのためには、自らの力でお客さまを創り続けることである。

⑤労働環境改善に対する責任！

店長の責任の5番は、労働環境改善に対する責任である。

労働環境が良くないから、人がとどまらない、人が増えないのである。しかし、人が定着しない、人が増えないのでは戦うことすらできない。店が発展し続けるためにも、働く環境を整備することが大切である。

⑥店の魅力度の維持に対する責任！

店長の責任の6番は、店の魅力度を保つ責任である。

お客さまは常に魅力的な店を追い求めている。それは、店が何年経ったかなど全く関係ない話である。常に今の時点で一番魅力的な店を選ぶ。しかし、店は何もしないと年々その魅力度は下がり、競争力を無くしてゆくことになる。そこで、常に店の魅力度を保ちながら競争に打ち勝てるようにする必要がある。

店長の仕事は部下に仕事を教え
仕事でコミュニケーションをとることです
On-the-Job Training
On-the-Job Communication

⑦クレーム対応に対する責任！

店長の責任の7番は、クレーム対応に対する責任である。

これはお客さまへの最終責任者が店長になるからである。クレーム対応は、一歩間違えると店の信用問題になることを忘れるな。

⑧不断の改善と提案に対する責任！

店長の責任の8番は、不断の改善と提案に対する責任である。

現場の最終責任者として、お客さまの満足と、店で働く従業員の意欲の向上、そして生産性の向上のために、常に不断の改善と建設的な提案ができなくてはならない。

第三部

飲食企業の幹部になったら

経営不振は、まず幹部が危機の直視、責任の自覚、そして反省を!

業績不振会社において、私を愕然とさせるのは、幹部社員の現状認識の甘さと、危機感の欠如である。それと、使命感・責任感・覇気の弱さである。

事ここに至るまで、その深刻な事態に対して、いろいろと施策が打たれた様だが、それらは本質的、根本的刷新ではなく、表層的、一時的な手段であり、それがかえって社内の混乱を招き、現場の不安感を募っている。

実は、売上高不振の一番の原因もその辺りにあり、打った対策が良い成果に結び付かないために悪循環が悪循環を生み、さらに現場を弱くしている。そのような状況にありながらも、幹部社員には、まだ現状を直視せず、自分達の問題として正そうとする意欲すら感じない。会社の窮状を他人事のように思っているように見える。お互いに他人のせいにし、自分の問題として受け止めていないのではないか? これが一番の問題だと思う。

現場が崩れている状況で、いったい何が今一番大切なことなのかを考えなくてはならない。そのためにも、再度、現状を直視し、全てを自分達の問題としてとらえ、再構築してゆく必要がある。そのためには、なにより幹部が「危機」を直視し、「責任」を自覚し、そして自らの「反省」の促しが必要である。

緊急の課題は、収支構造改革!

不振企業に求められる課題は山ほどあるが、重要かつ緊急を要するものは、経営体質の強化、つまり、収支構造改革を行うことである。

それは、事業の再編成を中心とした選択と集中、それに、組織の考え方や仕事の考え方の刷新、さらには、一人ひとりの心の変革、そして行動革新まで多岐にわたる突き詰めた取り組みである。

特に、経営体質強化の基礎作りとなる人材の育成と、一人ひとりの責任の明確化は、その後の戦略・戦術を強力に実践推進し、計画の必達と全天候型経営を実践してゆく要となる。

昔から儲けとは「入りを図り出を制す」ことに尽きると言われているが、確かに「入り」をいかに拡大してゆくか、その一方で「出る」をどうコントロールし、最大の経営効率を求めてゆくかが利益確保の要諦になってくる。

収支と言う言葉が、収入＋支出と言う2つの言葉から構成されていることからしても収支構造改革には収入と支出の両面対応を考えなければならない。

幹部が絶対に守らなくてはならない3つの約束!

幹部に危機感が無く、会社の窮地を他人事のように思っていて、会社の悪口、仕事の愚痴、それに、仕事の言い訳を言っているようでは、立ち直るものも立ち直ることはありえない。

本気で再構築を全員で行う気があるのならば、3つの約束が必要である。この3点は幹部として絶対に守らなくてはならない約束ごとである。

①会社の悪口を言わないこと!

②仕事の愚痴を言わないこと!

③仕事の言い訳をしないこと!

この3つである。それほど難しいことではないが、実は、これには心の変革が必要で、最大の覚悟が必要になってくる。

この約束ごとを幹部全員が守ってこそ、再構築のスタートになる。それは、幹部のみなさんの発する言葉が現場に伝染し、それが、現場の雰囲気を良くも悪くもし、また、部下がやる気を持ったり無くしたりするからである。

幹部はどのような状況であっても、自分の言葉に責任を持たなければならない。それは自分の発した言葉が、必ず形を代えて自分の元に返ってくるからである。幹部としての基本姿勢は、どんな場合でも、自らが希望をもち、そして、部下に夢を与えなくてはならない。

「会社の三悪現象」は、幹部が排除する!

「会社の三悪現象」とは、会議が多すぎ、書類が多すぎ、ムダが多すぎ、ということである。

まず気になるのが、会議が多すぎること。これは、会議のための会議が多く開催されており、改善のための実践行動が疎かになっているからである。

取り組まなければならない問題が多いのはわかるが、仕事には必ず優先順位があり、その順番を間違えたり、一度に多くの課題に取り組んだりすると、必ず組織のゲリ現象が起こり、最終的に期待する成果につながらない。会議開催の数と、結果の成果は絶対に一致しないと心得よ。

次に書類が多すぎるという問題。これも一度に多くの課題に取り組んだ結果、そのための情報収集と書類づくりに追われている。これも提出のための書類作りに追われ、改善のための時間が奪われている。

最後に、ムダが多すぎる問題である。これは会議や書類もそうであるが、無限大に存在している。

今まさに、人・物・金の全てにおいて、このムダの発見と、ムダの退治が急務である。

スタンダードの番人としての幹部の仕事ぶりが、業績に反映する!

幹部の大切な仕事の一つに、スタンダードの番人としての仕事がある。

これには、店の状態を決定する、商品の基準（Q）に、接客サービスの基準（S）、それに、清掃に関する基準（C）に対する番人としての仕事と、今ひとつは、各経営数字に対する数字のスタンダードの番人としての仕事である。

このスタンダードの番人としての仕事が、店の商品レベルを決定し、そして、サービスレベルと清掃レベルを決定する。

さらには、各経営数値の数値レベルを決定し、最終的な店舗の業績を決める。幹部の仕事は、このQ・S・Cのレベルを高めることで売上高の成長を図り、そして、各経営数値のコントロールレベルを高めることで利益の成長を図ることにある。

だから幹部のスタンダードの番人としての仕事ぶりが、そのまま部門の業績の明暗を分けることに直結してくる。それは、スタンダードが我々の価値判断基準であり、店舗運営基準になるからである。さらには、このスタンダードに対するこだわりが自分自身の仕事の質を高めてくれる。しかし、幹部社員の中には、スタンダードが低い、つまり問題意識のレベルが低く、仕事に対する妥協、見逃し、言わないといった行動が店舗運営レベルを下げる結果になっている人も多くいる。

店舗の状態も、そして、店舗の数字も全て自分自身のミラーイメージである。つまり、自分自身の行動が店舗の業績を決めるということである。

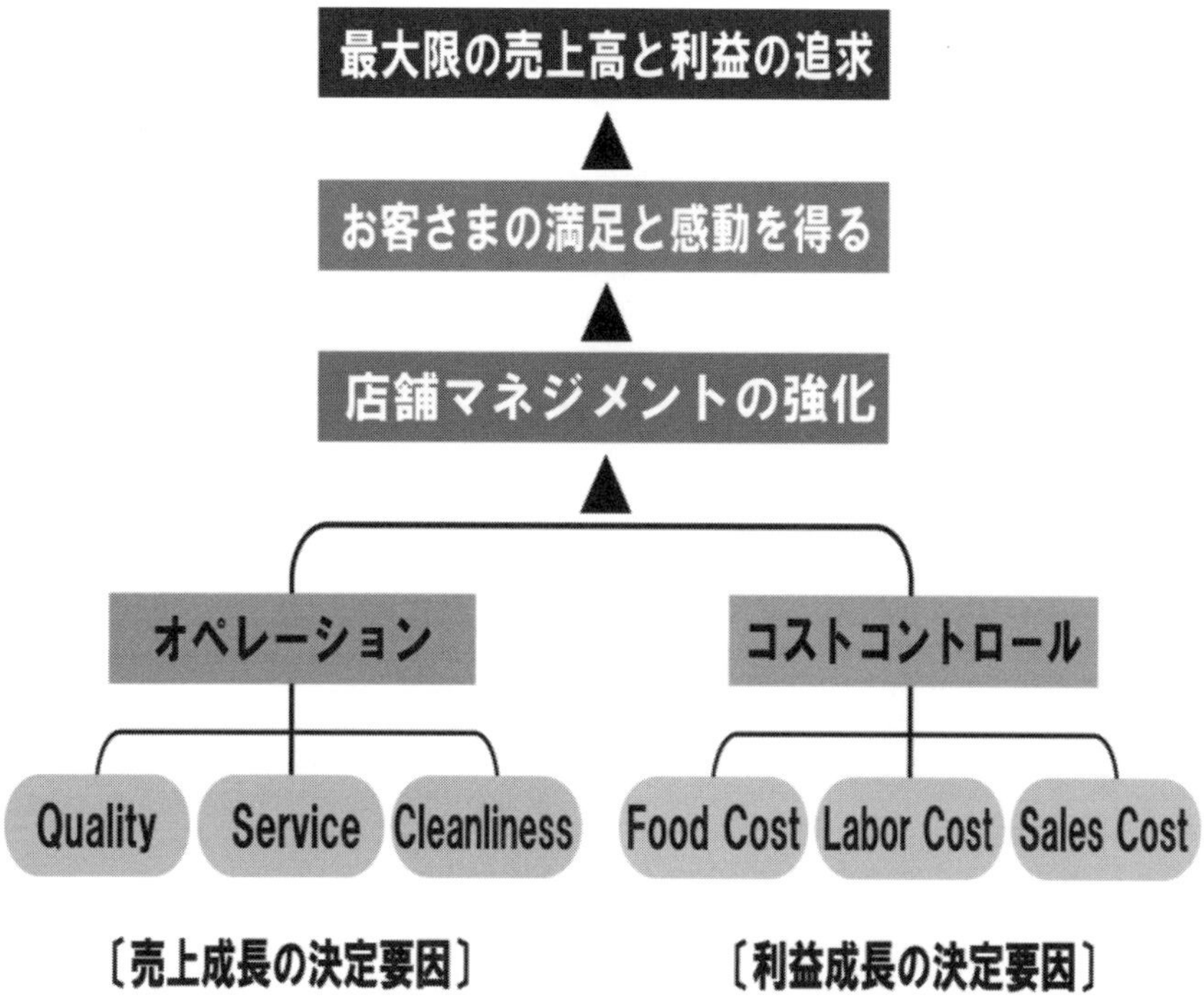
最大限の売上高と利益の追求
お客さまの満足と感動を得る
店舗マネジメントの強化
オペレーション
コストコントロール
Quality
Service
Cleanliness
Food Cost
Labor Cost
Sales Cost
〔売上成長の決定要因〕
〔利益成長の決定要因〕

部下にキチンと「知らせる」ことが、リーダーシップの要!

人心を掌握し、組織を一つの方向へと導くためには、幹部として、まず知らせるべきことをキチンと部下に知らせることである。具体的には、

①会社の方針や目標は、繰り返し部下に知らせること。
②具体的な取り組み課題についても、何度も何度も部下に知らせること。
③仕事の責任範囲については、部下が理解できるまで繰り返し説明すること。
④問題となる数値や状態については事実を確認し、部下と共通の認識に立つこと。
⑤月次の目標や課題については、必ず部下と合意すること。
⑥毎週の進捗の確認は、必ず部下と一緒に行うこと。
⑦やってほしいこと、やってほしくないことは、必ず部下に知らせること。
⑧お客さまの声は、できるだけ早く部下に知らせること。
⑨状況や課題が変わったときは、できるだけ早く部下に知らせること。
⑩結果の仕事ぶりが満足なのか、または不満なのかは必ず部下に知らせること。

以上、10項目について、分かりやすく話すこと。

また、質問や意見に対しては、納得のいくように答えるか、一緒に考え行動すること。現場との温度差は、そんな知らせるリーダーシップが欠如しているからに他ならない。

日々の反省の有無、反省からの学び方が、発展への道!

反省のある経営には必ず発展がある。発展している企業は、日々反省しながら考え行動している。だから、同じ失敗を何度も繰り返すことはしないし、必ず失敗から学習することを徹底して行っている。

まだまだ言いっぱなし、やりっぱなしで、結果の確認もロクにしていない人がいる。まずは、日々反省しながら次の日の行動につなげることで、場当たり的な行動を改めることである。

それは、上手くいったこと、上手くいかなかったこと、これを明確にし、次には、それはなぜ上手くいったのか？　なぜ上手くいかなかったのか？　を原因分析し、最後は、ではどうすべきであったかを判断し行動することである。

反省とは、これを毎日、自分自身に問い続けることである。そして、そこから学習しながら、より良い成果を追い求めてゆくことである。

何も企業間の格差は、そんなに大きな差がある訳ではない。その違いは、日々の反省と具体的な取り組みの差ぐらいである。ただ、その日々の反省と具体的な取り組みの違いが、大きな差になり、結果として雲泥の差になることを知れ。

問題と目標を現場に浸透できないのは、幹部の責任!

組織が一つの方向に力強く進むためには、問題と目標、それに、具体的な対策や考え方が、現場の人たちに浸透することが不可欠である。この浸透の度合いが結果の成果に大きく影響する。

しかし、実際には、それがなかなか思ったように浸透していないのが現状である。これは何も現場が悪いわけではない。むしろ幹部に問題がある。

それは、まだまだ問題と目標が整理されていない、まだまだ進捗の確認が弱い、まだまだそのためのコミュニケーションが不足している、といった問題である。

そこで、現場に対策や考え方を落とし込むためには、常に問題と目標を整理し、徹底的にそのことを現場に浸透させることである。これに関する限り、コミュニケーションが多すぎるということは決してない。

問題の「見える化」、問題解決の進捗も「見える化」していこう！

一つひとつの問題について、しっかりとその問題を表に出し、問題の「見える化」を図ると同時に、進捗の「見える化」、そして、結果の「見える化」を図ることで、一つひとつの問題を確実に解決する必要がある。

まだまだ、雰囲気や感覚、それに、精神論や抽象論だけで仕事をしている人が実に多くいる。これでは、問題と真正面から向き合って課題に取り組むことはできない。

そこで、まずは問題の「見える化」を図りながら、数字を変えること、数字を直すことに全力で取り組める仕組みが必要になる。これができなければ、収支構造改革は単なるかけ声で終わる。

それは、何が問題なのかをはっきりとさせるための問題の「見える化」であり、現場の人たちとともに問題の共通認識に立つためでもある。そして、しっかりと問題点をとらえ、数字を変えることに全身全霊で取り組め。

部下の目標を徹底して確認し、その進捗も結果も確認する!

良い成果を出すためには、徹底して部下の目標確認を行い、そして、途中途中での進捗の確認をし、そして最後は、結果の確認をする。この一連の確認を継続する必要がある。

目標は見るだけ、進捗は確認しない、さらには、結果も確認もしないで、賞賛もしなければ叱責もしない人が多くいる。これで良い成果を得たいと思っているのであれば大間違いである。

部下の目標の確認も、進捗の確認も、そして、結果の確認もしない幹部であれば、いる必要ないし、確認のない部下とのコミュニケーションは単なる雑談でしかない。部下も雑談には付き合うが、聞いてほしいことも聞いてもらえず、また、言いたいことも言えずに不満が溜まるばかりである。

良い成果を残したいと思うのであれば、それは、部下の目標の確認と進捗の確認、そして、結果の確認を中心としたコミュニケーションが重要である。

こうしたコミュニケーションがなければ、部下から真に信頼を得ることはない。まずは、部下の目標の確認と進捗の確認、そして、結果の確認を徹底してやり続けろ。

そうすれば、いろいろなことにさらに気付くはずである。

業績の差は、幹部の心の持ち方、執着心、そして、行動力から!

同じことをしても業績に差が出るのは、情熱や熱意といった心の持ち方、それに予算達成や勝ちにこだわる執着心、そして、すぐやる、必ずやる、できるまでやる、トコトンやるといった行動力の差に起因している。

つまり、結果の差は、自分自身の心の持ち方や執着心、それに、行動力に問題があるということである。それは、心の持ち方や執着心、そして、行動力が物事を成就する決め手になるからである。

もし幹部に、この強い心がなかったり、予算達成や勝ちにこだわる執着心がなかったり、さらには、行動力がなければ、自部門の成長発展は絶対にありえない。

良い成果を望むのであれば、まずは、自分自身の心と執着心を高め、そして、行動力を高めることである。

現場を変える、現場を動かす基本姿勢を身に付けろ!

目標を達成するためには、現場の人たちの心構えや、やる気、それに、仕事に対する価値観や考え方といったことが変わらなければならない。

そのためには、まずは自分自身の仕事に対する心構えや、やる気、それに、仕事に対する価値判断基準をしっかりと持つことである。このことが仕事に対する基本的な姿勢を確立させてくれる。

この基本姿勢があって、はじめて現場を変える、現場を動かす力を身に付けることができるのである。現場を変える、現場を動かす源には、そういった目に見えないものがある。この基本姿勢が、現場のやる気に火をつけ、現場に活力を与え、そして、目標達成に向かわせるのである。

雰囲気や感覚、それに、精神論や抽象論も重要ではあるが、それらは一時的なやる気を与えることはできても、継続的なやる気を保ち続けることはできない。

ひとつのことも徹底できなければ、何も解決しない！

物事を徹底することで全てのことが解決する訳ではないが、物事ひとつ徹底できなければ何も解決しない。これは全てについて言えることである。

あいさつひとつ、身だしなみひとつ、そして、掃除ひとつ、報告書ひとつ、全て中途半端な取り組になっている人がいる。中途半端をいくら積み上げても、それらは単なるゴミの山でしかない。徹底できないのであれば、最初から取り組まない方がまだマシである。

やる以上は、何かひとつでも徹底してやり遂げる必要がある。ひとつのことを徹底してやることで、他のことも必ず良くなるからである。このことをしっかりと認識しろ。中途半端をするとロクな結果にならないということである。

やる限りは、トコトンやる、できるまでやる、この覚悟で取り組め。そのためには、徹底することに対する自分自身の執念と粘りが必要である。物事ひとつ徹底できないということは、自分の力がそれだけだということでもある。

指導していても現場が変わらないなら、これに危機感を持て！

現場は本当に良くなっているか？

本当に現地・現物で確認しているか？

確認しているのなら、なぜ、現場が変わらないのか？

雰囲気と感覚で仕事をしていないか？

それとも妥協しているから変わらないのか？

幹部は、日々、現地・現物で状態と数値を確認しながら、店長たちを指導し、そして、店を直しているはずである。しかし、現場が変わっていないのであれば、現地・現物の確認も、そして、店長たちに対する指導もできていないということになる。それは、単なる時間のムダづかいで、目的もなく、成果もない行動である。こんなことをいくら繰り返しても、絶対に店が良くなることはない。

今一度、やるべきこと、やってほしいこと、これを部下と共有し、そして、そのことを徹底的に現地・現物で確認し、必要に応じて追加の教育を行い、そのでき映えについて現場の人たちと共に考え、共に行動しろ。

まだまだ現場が変わっていないこと、良くなっていないこと、これに危機感を持って行動しろ。

情報とノウハウの共有化を基本にして、全ての会議と研修をする!

会社が成長発展するためには、情報の共有化と、ノウハウの共有化が何より大切になる。しかし、現状は、情報は現場に浸透することなく途中で途切れ、せっかくの良いノウハウも横展開されることなく全体に活かされていない。

競争に勝つためには、情報は共有され、良いノウハウは横展開することで全体に活かさなくてはならない。

そこで必要になってくるのが、情報を共有化する仕組みと、ノウハウを横展開する仕組みである。情報の共有化とノウハウの共有化によって、学習する能力と、学習したことを取り入れてすばやく行動に移す組織にすることができる。つまり、良いアイディアは共有し、共に学び、共に実践することである。

また、全ての会議・研修も、これを基本に開催しろ。会議のための会議、研修のための研修、これだけは絶対に開催するな。時間とお金のムダづかいである。全ての会議と研修を、情報の共有化とノウハウの共有化を基本に開催することで、一気通貫の組織を構築しろ。

そのためにも、一人ひとりが、もっと主体的に参画できるようにしろ。全員の学ぶ姿勢こそが、店と会社を成長発展へと導いてくれることを忘れるな。

成果を出すには、執念を持って、何度も同じことを言い続けろ!

成果を出すためには、同じことを何度言えたかで決まる。ほとんどの人は、一度や二度言った程度で、伝えたつもり、できているつもりになっていて、最後になってできていないことに気付く有り様である。

一度や二度言った程度で良い成果が出るのであれば、既にほとんどの店は何も問題がなく良くなっているはずである。それが良くなっていないということは、まだまだ言い足りないということで、言ったこと、伝えたことは、既に現場では忘れ去られているということである。

この、「言ったつもり」、「伝えたつもり」で何度も同じ失敗を繰り返している人がいるが、それは、仕事に対して忠実に取り組んでいないからである。

同じことを繰り返し、繰り返し、それもしつこいぐらいに言い続けることは大変なことだが、それは、それだけ仕事に対して忠実であり、真正面から問題と取り組んでいる証拠でもある。まずは、より良い成果を得るためにも、仕事に忠実に、あきることなく同じことを言い続けろ。

部下の評価を上げる、勝者にするのが幹部の仕事!

予算達成にこだわり、勝ちにこだわり、一店舗でも多く予算を達成させろ。それは、幹部の仕事は、部下に予算を達成させ、そして、部下を勝者にし、さらには、部下の評価をA評価にするためである。

部下にD評価しか与えることができない上司は失格である。部下を勝者へと導いてこそ、幹部の存在価値が高まることを忘れるな。それは、D評価の部下をC評価にする、C評価の部下をB評価にする、そして、B評価の部下をA評価にすることである。これが我々の仕事である。

うちの部には「優秀な社員はいない」といつも言っているような幹部では、自部門も会社も成長発展へと導くことは絶対にできないし、幹部としての存在価値もない。部下を成長させてこそ、真の幹部であることを忘れるな。

良い結果にこだわれ!
そして、部下と共に行動しろ!

部下にモチベーションを与え、そして、部下のやる気に火をつけ、その結果として良い成果を出させることが、幹部の仕事である。それは、良い結果を出すことで部下の評価が高まり、部下の評価が高まることで、さらにやる気が高まり、そして、やる気が高まることで、さらに良い成果を得ることができるからである。

部下を敗者にすることは誰にでもできるし、できていないことを単に指摘するだけであれば、新入社員でもできるかもしれない。

良い成果を残すために幹部がいるのであって、単に、指示や命令を出すだけではない。これを基本に、部下と共に考え、部下と共に行動し、そして、部下と共に問題を解決することで、良い成果を残すことに専念しろ。

店長に問題点を指摘するなら、その答えを持った上でしろ!

幹部の仕事は、店でできていないことを指摘する、単なる指摘家ではない。幹部の仕事は、店長を育成することで、担当店舗から最大限の売上高と最大限の利益を引き出すことにある。

そのためには、幹部として店長に指示をする際にも、自分の答えをきっちりと持っていなければならない。単に号令だけかけても、それは非常にむなしい結果に終わる。

店長たちは問題解決のための不断の改善を行なわなくてはならないが、具体的な解決策を持っていないことがよくある。その時、幹部が答えを持っていたら、自分でも何とか工夫して解決してみようと考えるのである。

自分でも答えを持っていない状態で、店の問題点だけを店長に指摘するだけだったら新入社員にでもできる。答えを持っているから、店長の行動を変えることができるのである。

集中入店と集中改革は、期限を明確にして実施せよ!

良い成果を残す一つの方法に、集中入店による集中改革がある。あれもこれも手を出して、全てを中途半端な状態で終えるぐらいであれば、一つのことに集中することで、結果の成果を得る方がよほどよい。

ただ、集中入店による集中改革と言いながら、その期限が明確になっていない人が多くいる。これだと集中入店による集中改革の意味がない。これだから、仕事に対する本気度が感じられないのである。単にダラダラと仕事をしている状態である。これでは、現場が変わらないし、数字も変わってこないのである。

もし、期限がないものがあるとすれば、それは、「赤字の店を黒字にするまで帰って来なくてよい」と言ったもので、不退転の覚悟を持たせるものである。

基本的に期限がなければ、責任感も危機感も強くなることはなく、大きな変化も成長も望めない。だから、集中入店・集中改革で何より大切なことは、期限を明確にすることである。それでも良い結果が残せなければ、次は、メンバーチェンジだ!

店長のできないことだけ指摘するのは、店長の育成にならない！

店長たちには、それぞれ得手不得手があり、オペレーションが得意な人もいれば、コストコントロールが得意な人もいる。逆に、オペレーションが不得手な人もいれば、コストコントロールが不得手な人もいる。

幹部の仕事は、そんな店長たちの不得手な部分に、どれだけ自分の経験や知識を付加できるかである。そして、店長たちが不得手を克服することで、自信をつけ、さらなる成長発展を目指すことが幹部の仕事である。

そのためには、状態と数値の問題点の発見と同様に、店長一人ひとりの能力とやる気の状態を知る必要がある。

それを理解しないですべてを管理しようとすると、店長が自分で問題点を解決することまでも奪ってしまうことになる。

また、一度にあまり多くのことは望まず、月間で2つ～3つの課題に絞り込み、そのことを徹底して追っかけることが大切である。

あれこれ手を出し、すべてを中途半端な状態にすると、こんどは幹部としての信頼がなくなる。

店長に対して何一つ教えないで、できていないことだけ指摘している幹部が実に多くいる。これで担当店舗が良くなるとしたら不思議な話である。

仕事の成果が挙がる基本的な条件は、その仕事を遂行する能力が向上した時だけである。

そこで必要になってくるのが、店長に対する

考課（不足する知識と経験を発見すること）

教育（不足する知識を充足すること）

訓練（不足する経験を充足すること）

である。

大きな端境期を迎えている現代は、自分を変えることも大切!

時代は、大きな端境期を向かえている。それは、仕事の価値観も、仕事の発想も、仕事のやり方も、さらには、仕事のスピードも、そして、部下との接し方も全て変えなければならないということである。

そんな大きな端境期を迎えている時代に、古いやり方しか知らない、古いやり方しかできない、これでは時代を乗り切ることも、良い成果を得ることもできない。

今のように激しく変化する時代に対応してゆくためには、仕事の価値観を変え、そして、仕事のやり方も変えるしかない。そうしなければ、時代から取り残され市場から退場しなければならない。まさしく自分を変えることが大切な時代に入った。

それは、賢く生きることでもなく、強く生きることでもなく、変化に対応し、そして、変化に挑戦する生き方が大切な時代である。

全社員がトレーニー、全社員がトレーナーの体制を構築しろ!

会社が、「より良く・より強く」なってゆくためには、一人ひとりが一段上の仕事ができるようになることである。

特に、飲食店のような労働集約型産業においては、一人ひとりの仕事の積み上げが最終的な業績を決定する。

そこで大切になってくるのが、全員が仕事を教わることに一生懸命、全員が仕事を教えることに一生懸命、そんな全社員トレーニー・全社員トレーナー体制の構築が重要になってくる。つまり、自分の知っている仕事、できる仕事については、部下・後輩にその仕事を教え、逆に自分が知らない仕事、できない仕事については、上司・先輩から教わることを全員が実行するということである。

この、全社員が教えることに一生懸命、教わることに一生懸命になる、こんな全社員トレーニー・全社員トレーナー体制を構築することが最終的な競争力を高めることにつながる。

仕事を教えることにケチな人間は、自分が一番成長しないと心得よ。

ビジネスは
勝たなくてはならない。
そこに責任と決意を持て!

ビジネスは、「勝てば官軍、負ければ賊軍」と言われるように、勝たなくては話にならない。まさしく戦いである。そのためには、全員が売上げ・利益確保を自己の責任と考え、1円でも多く売る、1円でも多く儲ける、このことに関して働きを結集することである。

その意味から言えば、収支構造改革は、全社員のやる気と数値に対する意識を高めることが何より大切になってくる。そこからまた新たな対策が生まれ、そして、真剣な取り組が始まる。

そのためにも、まずは幹部が、数値責任感覚を身に付け、責任数値が達成できなければ自らが降りるという不退転の決意が必要になる。

何事も覚悟がなければ、良い成果を得ることはできないと心得よ。

仕事への情熱から生まれる豊かなコミュニケーションが、店の活力!

店を成功へと導くためには、店に勢いが必要である。そこで、幹部は常に店に元気を与え、活力を与え続けなくてはならない。それは、困難になればなるほど、その重要性は高まる。これは我々の一番大切な仕事でもある。

そこでまず、自分自身の仕事に対する情熱が何より大切になる。それは、情熱のないところには豊かなコミュニケーションは育たないからであり、情熱のないところには店に勢いがつかないからである。

我々の体の中には温かい血が流れている。もちろん、店の人たちにも温かい血が流れている。この血が通い合ってこそ、勢いのある店ができる。だから、血が通っていない店の人たちの表情は暗いが、逆に、血が通っている店の人たちの表情は明るい。それは、店の人たちの笑顔は、我々の情熱そのものであるからである。

そのためにも、店に元気を与え、活力を与えることを忘れてはならない。サービス業で成功している企業の共通点もここにある。

生き生きとした情熱が店の人たちとの緊密なコミュニケーションにつながり、良い仕事は、そんな緊密なコミュニケーションから生まれるのである。

新たな価格と価値の創造が、これからの成長への道!

時代環境は刻々と変化しているし、消費心理も決して良い状態とは言えない。逆に、ますます厳しさが増してくることさえ予測される時代である。

そんな時代に何より大切なことは、まずはお客さまの数を増やすことである。お客さまの増加こそが店の成長発展に欠かせないからである。

売上げ＝客数×客単価と表されるように、スタートはお客さまの数である。

そのためには、価格と価値の増大を図り、お客さまに驚きと感動をお届けすることである。それは、普通では今の時代の勝負に勝てないからである。

普通のやり方では、普通の数字、つまり、前年割れが当り前になる。前年の数字を越えたいのであれば、圧倒的な価格と価値の増大が必要で、それは、「この商品を、この価格で出したらお客さんは絶対に喜ぶだろう」、「この価格で、このサービスをすればお客さまの記憶に絶対に残るだろう」という価格と価値の創造である。新たな物を創り出せない者は落伍する！

店長に、ピークタイムでの段取りを伝授する!

我々の商売は、売れる季節、売れる曜日、それに売れる時間までもが決まっている。この売れる時にしっかりと売り切ることが一番の売上対策である。そこで、売れる日には徹底的に売ることだけを考え戦うことである。

そのためには、自分が過去最高の仕事をした段取りを思い出し、その段取りを店長に伝授することである。戦略戦術が変わることはあっても、ピークタイムの段取りは今も昔も変わらない。これを確実に店で実践させろ。

幹部は成果を出すまで、闘い続けなくてはならない!

自ら求める気のない幹部は、良い成果を手に入れることは絶対にできない。本来、そのような人が幹部になり、部隊を率いること自体間違いである。もし、幹部のままでいたいのであれば、成果を出し、会社の成長発展に貢献をし、その結果として部下を幸せにしなければならない。これは、幹部としての基本的な使命でもある。

成果も出せない、会社の成長発展にも貢献していない、さらには、自分の預かっている部下を勝者へと導くこともできないのであれば、幹部として留まることは許されないし、当然、幹部としても失格である。

幹部として留まりたいのであれば、常に自分を追い込み、成果を追い求め、そして、新たなことに挑戦し続けることである。最初から戦う意志がなければ、その部隊からは大きな成果は生まれないし、部下を勝者へと導くこともできないからである。だから、どんなに厳しい状況に追い込まれても、幹部は闘い続けなければならない。

そのためにも常に問題と向き合い、そして、その問題と格闘し、最後には必ず良い成果を残すことである。

成果を出してこそ、幹部としての存在価値が高まることを忘れるな。

徹底してムダを除き、徹底して仕事の効率化を高めろ!

売上げを上げることが利益を生み出す重要な条件の1つであることは確かだが、反面、売上げがアップしなければ利益が生み出せない経営体質では、本当に強い経営体質とは言えない。

本来、経営とは、どのような条件下であっても利益を上げるべきであり、たとえ売上げが未達でも、必要利益は必ず達成しなければならない。

とりわけ消費マインドが冷え込むと予測される、これからの時代は、この強靭な経営体質を持つか否かが、会社の生存を決定すると言える。

しかし、単なる経費削減のことではない。経費削減は、確かに一時的な利益確保にはなっても経営体質の抜本的な強化にはつながらない。大切なことは、ムダな経費を徹底して取ることと、仕事の効率化を徹底して高めることである。

まだまだ、このことに対する取り組みが足りない。まだまだ、ムダがたくさんある。まだまだ、仕事の効率化が図られていない。全員参加、衆知結集、仕組みにおいて、創意工夫において、常に必要利益の上がるように体質を改善しろ。

そのうえで、売上げの伸長にさらに全力を尽くす。それによって、売上げがアップした分だけ利益もまた大きくアップするという姿にしなければならない。これが、売上げは予算の上をゆく闘い、経費は予算の下を行く闘いである。

全てにおいて、単純さと具体性を追求せよ!

全てにおいて単純さと具体性を追求すること。そうすれば、現場の人たちの理解を得ることができ、総動員で売上げと利益を取ることができる。

幹部の人の中には、簡単なことを難しくし、難しいことを誰にも理解できないようにしている人がいる。自分だけが分かっているつもりで自己満足に浸っている状態である。

その結果、誰の協力も得ることができず、期待する成果につながらない。また、あれこれやって中途半端な行動をとり、深みに入っている人もいる。

目標を達成したいのであれば、単純で分かりやすい対策を立て、分かりやすい話をしながら大きな目標を掲げることである。そうすることで、総動員による行動が取れるようになる。

基本は、難しいことは簡単に、そして、簡単なことはより簡単にすることで、誰にでも分かるようにすることである。簡単にすることで、幹部としての権威や威厳がなくなることはないから安心しろ。

悩みや不安はあって当然。だが、ここに幹部の生きがいを見いだせ!

幹部になれば、悩みや不安は当然ある。悩みや不安がない人は、単なる無責任な人でしかない。大切なことは、この悩みや不安を一つひとつ解決してゆくことである。これを克服してゆく過程で、幹部としての喜びや生きがいが感じられる。

だが、会社が成長期の幹部というは、そんな悩みも不安もない状態であった。だから、幹部としての力が今も身についていないことがある。

今は、大変な時代、難しい時代、厳しい時代である。そこには当然、悩みもあれば不安もある。この悩みと不安と戦ってこそ自分自身の成長につながる。

必ず常に次の一手を持って行動しない限り、新たな成長はない！

予算は達成して当り前。前年対比増も達成して当り前。これを基本にしなければ絶対に強くなることはない。

予算未達成が当り前、前年割れが当り前になっていないか？もしそうであれば、それは、結果としての成果が出ないことに対して麻痺している状態である。こんな状態が長く続くと、予算９５％でもよしとし、前年９８％だったら良くやったといった言葉さえ出てくるようになる。

予算は１００％達成してはじめて予算達成で、９９．９％では、予算未達成で責任を全うしたことにはならない。当然、前年比も同様で、９９．９％では前年割れが続いている状態で決して下げ止まったとは言わない。だから、予算・前年共に１００％超えを常に目指さなくてはならない。

つまり、１００％に達成するまでは、まだまだ対策が足りない状態で、新たな次の一手を考え、そして力強く行動を起こす必要がある。次の一手を考え行動しない限り、新たな成長はないと心得よ。

部下からの報告体制を構築してこそ、組織運営ができる!

一つひとつの課題を確実に解決してゆくためには、常に現状を正しく把握している必要がある。現地・現物での確認と、それに、部下からの報告体制を構築することである。組織が正しく機能している状態とは、そんな現地・現物の確認と指導が行われ、それに関する報告が適時適切に行われる状態のことである。

また、報告というのは、課題がどのように実施されたか、また、その結果はどうであるかということを説明することでもある。したがって、それは任意的な行為ではなく、上司に対する部下の業務で、報告をもって仕事が完了したことになる。

必要な報告がなされなかったり、または、その報告が間違っていたり、さらには、その報告が時機をはずれていたりしたのでは、円滑な組織の運営は望めない。そのためには、報告には以下の点を徹底すること。

①課題には、途中報告・結果報告を必ずさせること。
報告のない仕事は、仕事が完結していないことを徹底すること。
報告には、期限内完全記入を徹底すること。

②報告は、必ず直属の上司、つまり自分にさせること。
指令系統を正しく守ってこそ組織が機能する。

③報告は、正確で完全であることを徹底すること。
事実に基づく報告が大切で、抽象論は避けること。

人材育成と定着率の高さが、企業間格差になる時代だ！

会社の主要な資産は、明らかに「人」である。生産性の高い優秀な人材が絶えず育っていないことには、この時代の変化と、そして、この大競争状況では立ち行かなくなってしまう。

人づくりは会社の業績を高め、会社の成功を確実に保証するものである。

つまり、会社の生命である人材育成と、会社の将来を決定する収益は、互いに関連し、からみ合いながら存在しているのである。そのためには、採用↓教育↓定着↓戦力の一連の流れを構築しながら、同時に労務問題にも取り組み、結果として離職率を最低でも10％以内にすることである。人を採用することよりも、人をいかにして定着させることができるか否かが、企業間格差になってくる。最後の戦いは現場の戦いで、その現場は人の戦いだからである。

商品や店舗デザインはすぐに真似され、そして同質化を生むが、人はなかなか真似されることはない。それは、企業として真の力とマネジメント力の差に起因しているからである。

もっと部下の仕事に関心を示し、もっともっと誉めることに力を注げ!

ほとんどの人は、良い仕事をしたら必ず誉めてほしいと思っている。この様な欲望は普遍的なもので、これによって人の仕事ぶりが変わる。

給与とインセンティブが、人の仕事ぶりを高めるうえでの重要なモチベーションであることは言うまでもないことだが、人にモチベーションを与える上で最も重要なことは、誉めることである。

それは、よい仕事をした時には、それを認め、必ず誉めることである。人は認められたことによって自分の価値を見出し、さらに良い仕事をする。

しかし、部下の欠点ばかり見つけ、叱責することに力を注いでいる幹部が実に多くいる。だから、部下が萎縮し、良い仕事をしないのである。

部下に良い仕事をしてもらいたいのであれば、部下の仕事ぶりに関心を示し、そして、よい仕事をした時には最大限の賞賛を与えなくてはならない。それも遠慮しないで大いに賞賛することである。

これが、部下が活性化し、良い業績を残す一番の方法である。

まだまだ問題は店にある。もっと問題を明らかにする、発見しろ！

全ての問題は店にある。もっともっと店に目を向けろ！　そうすれば問題が明らかになるはずである。店に目を向ければ、まだまだ売れることも、まだまだ儲かることも必ず見えてくるはずである。それを発見し、それを直すのが幹部の仕事である。問題は放置すればするだけ、売上げも利益も逃すことになる。売上げの機会損失と利益の機会損失である。

何もしないでも儲かる時代は過去のことで、今は、店を直した人だけが売上げを高め、そして、儲けを生み出すことができる時代である。

その店を直すのが幹部の仕事である。そのためには、何を問題とし、そして、何を直したのか、これが言えなくてはならない。これをはっきりと言えて、はじめて仕事と言える。これが言えなくては、ただ単に雰囲気と感覚で仕事をしている状態である。

良い仕事をすれば、必ず店は良くなるし、必ず良い結果が出る。その良い結果が出ていないのは、良い仕事ができていないということで、まだまだ店に目を向けることができていないことでもある。雰囲気と感覚の仕事とは、この店を見ているようで実は何も見えていない状態のことを言う。だから、問題を放置し、問題を先送りしている状態になっているのである。

もっともっと店に目を向け、問題を明らかにし、そして、店の人たちと共にその問題解決を図れ。全ての問題は店にあることを忘れるな。

不断の改善を続けることが、新たな挑戦につながる!

全ての仕事は、日々の不断の改善が基本であり、改善のない仕事など存在しない。どの仕事もまだまだ改善の余地がたくさんあり、我々は無数に過ちを犯している。

しかし、この不断の改善を怠り、漫然と日々を過ごしている人がいる。不断の改善を怠っているということは、ただ単に日々の作業をこなしているだけの状態ということである。そこには、問題意識も改善行動も存在しない。これでは、仕事をしているとは言えないし、店を成長発展へと導くこともできない。

本来、仕事とはしっかりと問題意識を持ちながら不断の改善を続けることであり、改善をしながら、さらに次の戦いが必要になってくる。

それは、状態と数字を変えるための挑戦の取り組みで、そこには、新たな考えと仕組みが必要になってくる。この新しいものを求めてゆくという考えと行動が、自分自身の成長にもつながり、しいては店の成長発展になるのである。

継続的な、意味のあるコミュニケーションが成果につながる!

仕事で成果を出すためには、継続的なコミュニケーションが重要になる。それは、仕事は基本的に継続的に行われるもので、場当たり的には行わないからである。しかし、指導する側に継続的なコミュニケーションが行われていないことが多くある。これだから良い成果を残すことができないのである。

良い成果を残したいと思うのであれば、継続したコミュニケーションが重要で、そのプロセスは以下の流れである。

①取り組む目標について合意を得るためのコミュニケーションを取る。

②その目標を達成させるための対策のコミュニケーションを取る。

③その目標の進捗の確認と追加の取り組みを確認するコミュニケーションを取る。

③最後は、結果に対する評価と次月の目標を明確にするコミュニケーションを取る。

これらは全てつながっており、単発でのコミュニケーションではない。

良い成果を得るためには、このような継続的なコミュニケーションが必要になる。場当たり的なコミュニケーションは、単なる雑談でしかなく、絶対に成果にはつながらないと心得よ。

徹底して進捗を確認し、現状を正しく常に把握しろ!

良い成果を残すためには、取り組んでいる課題と数字について、毎日でも、毎週でも、徹底して進捗の確認を行え。進捗の確認によって、現状を正しく把握することができるからである。

そして、必要に応じて対策の強化、対策の修正、対策の追加を打つことができる。これによって状態と数値を変化させ、月末にはきっちりと目標を達成することができるのである。これが幹部の基本的な仕事の進め方である。

数値を変化させることができない、状態を変化させることができない、これでは幹部の存在価値はない。店を良い方向に変化させてこそ、幹部の存在価値があることを忘れるな。

そのためにも、徹底して進捗の確認をすることである。これは何も難しいことではない。しかし、なぜか事実から目を背ける人がいる。それは、雰囲気や感覚、それに、精神論や抽象論が染み付いているからである。事実を正しく知ることが、次への取り組につながることを忘れるな。

本気の取り組みをするからこそ、活きた進捗を確認できる!

仕事で一番大切なことは、対策と成果の確認と日々の三省である。

進捗の確認をしない、やりっぱなし、これでは対策の確認はできない。また、対策行動が中途半端な状態での進捗の確認には意味がない。

本気で取り組むからこそ、進捗の確認と三省が活きてくるのである。つまり、本気の取り組みをしているからこそ、逆に、進捗の確認を怠ることをしないのである。それは、打った手の成果の確認を知りたいという当然の行動である。

中途半端な人、いい加減な人は結果に関心がない。だから、進捗の確認もいい加減になるのである。本気の取り組みをするからこそ、確実な進捗確認と、そして、日々の三省が活きてくることを絶対に忘れるな。

まず、自分自身のこと、自分の店のことを見つめ直せ!

「脚下照顧」の脚下とは、自分の足下。照顧とは、照らし顧みるということである。つまり、自分の足下を照らし顧みろということで、わが身やわが心、それに、店の状態や数字等を今一度確認し、よく見極めてことに当たれということである。

しかし、日々いろいろなことに流され、対策が中途半端になってしまったり、現場の状態や数字が見えなくなってしまったりすることが多々ある。だから、対策行動が場当たり的になり、結果が残せないのである。

特に、目標を高く持つならば、より足下をおろそかにしてはいけない。何より大切なことは、現状をしっかりと把握し、その原因分析を持って次の一手を考え、そして、行動する必要がある。そうすれば場当たり的な手はなくなる。他人のことはよく分かるが、自分のことは分かりにくいものである。

また、他人の批判はできても、自分の批判はなかなかできないものである。他人のことを論ずるよりも、まずは自分自身を見つめ直さなくてはならない。

互いの仕事のことを言い合える社風を築いていこう!

他人の仕事に口を出すということは、他人の仕事にどんどん意見を言うことである。しかし、世間ではこれと正反対に、自分の仕事も追えないのに、他人の仕事にとやかく言うな、という人が多くいる。

ただ、互いに自分のことはよく分かっていないのが現状だから、気づいたことは言ってやることも必要である。それによって、自分自身のできていないことも気付くものである。

みんな自分のことはよく分かっているようで、分かっていないのが現状である。だから、言ってあげる大切さ、そして、聞く大切さが必要になる。

そのためには、互いが成長するためにも自由に言い合える社風を構築してゆく必要がある。会社をより良くするために、どんどん言ってあげる、そして、どんどん聞いて自分を成長させることでもある。

経営者感覚は、仕事に興味を持ち、心底好きになることから生まれる!

経営や商売は、理屈だけではなく実践が何より大切である。それは、良いと思ったことは直ちに実践をし、悪いと思ったことは直ちに改善をすることである。

そのためには、一人ひとりが経営者としての自覚を持ち、経営に興味を持ち、経営が好きになることである。好きになれば工夫するし、工夫すれば成果が上がる。成果が上がればさらに好きになるものである。

仕事というものは、やればやるほど味が出てくるもの、興味が湧いてくるものである。そんな苦労を重ねながら積み上げていくのが結局、成功の早道であり、それがまた、仕事の楽しみでもある。仕事とは、そんな創意工夫であり、自ら創るものである。

現場の指揮を執るということは、問題を共に解決すること!

まだまだ、店には問題が山積みの状態である。改善しなければならないことが無限にあるということである。問題が山積みであるということは、それだけ成長の余地がたくさんあるということであり、その問題を解決できれば新たな未来が拓けてくるということである。そのためにも、一つひとつの問題を店の人たちと一緒に考え、そして行動し、その問題を解決しなければならない。

その時、店の人たちに単に指示命令を出すのではなく、リーダーとして指揮を執ることである。

指示命令するだけで問題が解決すれば、こんなに楽な仕事はない。問題を解決するためには、共に考え、共に行動し、そして、店の人たちと共に成長するのである。

リーダーとして指揮を執るということは、問題を共に解決するという強い姿勢である。それは、どんなことも整理し、どんなことも改善し、そして、どんなことも解決してゆくという強い決意でもある。

既存店前年割れの原因は、お客さまの満足を甘く見たから!

外食産業の成長期であれば通用したことも、今やその程度の商品や価格、それに、今のレベルのQ・S・Cでは通用しなくなってきている。当然と言えば当然だが、外食市場の成熟と消費マインドの冷え込みに伴い、一回一回の外食に対するお客さまの選ぶ目が厳しくなってきているからである。本当に価値のある店しか残されることが許されない時代になってきた。

既存店前年割れの本当の原因も、経営戦略や組織問題だけではなく、外食産業が成熟する中で、お客さまのニーズの変化に対応する専門的ノウハウや知識が足りなかったことに一番の原因がある。だから、お客さまから店が選ばれなくなったのである。お客さまに選ばれてこそ商売が成立し、そして、店も繁盛する。そういう意味では、既存店前年割れは、お客さまの満足を甘く見たことに原因があると言わなければならない。

では、どのようにすればお客さまから選んでいただける店になるのかを追求することである。それは、コンセプトとターゲットカスタマーを明確にしながら新たな商品を開発し、価格と価値の両立を図り、そして、オペレーションで表現することである。

小さな異状、普段の異状を、すぐに異状と思える感度が大切!

異状を異状と思える感度が何より大切である。つまり、当たり前のことができていないことに対する問題意識である。

店が汚い、ゴミが落ちている、ほこりがたまっている、しかし、誰も掃除しようという気配がない。無精ひげをはやしている、帽子をかぶらない、髪の毛がボサボサ、サロンをきちんと着用していない、バッジも着用していない、でも誰も注意することもしない。これは「異状であること」にマヒしている状態である。この異状を異状と思えないニブイ感度こそ異状である。

数字に対しても同じことが言える。異状な数値を何ヶ月も放置しても平気でいられる感度が異状である。売上高がなかなか伸びない最大の原因も、利益が改善されない原因も、この異状を異状と思えない感度の鈍さにある。

働く人たちの意識が変わってこそ、店は成長発展の道を歩むことができる。そのためには、まず幹部が異状を異状と思える感度を磨き高めることである。

仕事を理解している幹部こそ、部下には仕事のツボ・カン・コツを教えろ!

仕事には、ツボやカン、それにコツといったものが必ずある。確実に成果を出すためには、そのツボやカン、それにコツを教えなくてはならない。そのためにも、もっともっと仕事を理解しなくてはならない。

仕事を知らないで仕事を教えることなどできないからである。

教育訓練が万能なわけではないが、ちょっとした仕事のやり方や方法を教えることによって、間違いがなくなったり、能率が上がったりする。これによって、部下が、仕事ができるようになり、結果の成果を出せるようになる。

幹部が備えるべきは、学ぶ姿勢、反省の心、理想の追求の3つ！

会社の将来を約束するものは、幹部社員の基本素養の習得である。幹部社員が成長しない限り、会社の成長発展はありえない。

そこで、まず幹部社員が絶対備えなければならないものに3つの条件がある。その3つとは、①学ぶ姿勢②反省の心③理想の追求の3つである。

まず一番目の学ぶ姿勢とは、教えを請うことであり、学ぶことでしか自己の成長はないということである。これは一生続けなければならない。この学ぶ姿勢が欠如すると、素直さが無くなり、驕りや高慢さが出てきて人間としての進歩を止めてしまう。人から教えを受ける、学ぶということを、古人は「万物すべてわが師ならざるはなし」と言っている。仕事にあたっては、上司はもちろん、同僚や部下からも教わるという気持ちを絶対に忘れてはならない。

次に、反省の心とは、現状の問題を常に自己の問題ととらえ、自己反省することである。成長している人は日々自己反省をしている。この反省の心が欠如すると、問題の責任を転嫁したり、自己防衛に走り、現状を省みなくなってしまう。

三番目の理想の追求とは、仕事の目的遂行のことである。この理想の追求が欠如すると、単に結果の数字だけを追い求め、本来幹部が一番追求しなければならない、商品のできや接客サービスの状態が疎かになり、その結果、お客さまからも部下からも支持を得ることができなくなってくる。以上が、幹部が備えるべき3つの条件である。

全ては人に始まり、人に終わる!

事業経営は、人に始まり、人に終わると言われるぐらい、人が一番大切である。我々の仕事であれば、特に、店長と料理長の質と数が大切になってくる。それは、我々の戦いは現場の戦いで、その現場は、店長と料理長の力で大きく結果の数字が変ってくるからである。

店数が何千店舗になろうとも、店数分の戦える店長と料理長は必ず必要である。それができなければ、必ず店が崩れ、そして、どんどんお客さまが離れてゆく。そうなると収益は、がた落ちである。

店をプロフィットセンターと言うのはこのためである。そのためには、現場で人を育て、定着させ、そして戦力をアップするしかない。その役割を担っているのが幹部である。

人材が定着しない、人材が増えないのでは話にならない。これは幹部の問題である。よい会社にすれば人は必ず定着するし、そして、戦力もアップすることを忘れるな。

一つひとつ問題を強烈な意識と行動で解決しろ!

「片方で一円の利益を積み上げ、もう片方で何十万という利益を垂れ流している」

――こんな状態を解決するために幹部がいる。だが、まだまだ、上司がいながらも、問題が放置されている。

どんな小さな問題でも、解決することによって必ず貢献差益が生まれる。その一つひとつの積み上げが大きな利益につながるのである。ただ、現実には、問題が放置され、また、問題を先送りしている。

これは、結果から言うと、問題を自分の責任と考えていないからである。全ての問題は自分自身の問題である。この認識が何より大切になる。

問題解決は、一つひとつで十分である。それを積み上げてゆけば、確実に毎月良くなるし、確実に前進することができる。そして、一つの問題が解決したら、別の問題に挑戦し、その後もまた新たな問題に挑戦すればよい。

大切なことは、一つひとつの問題を絶対に解決する強烈な意識と行動である。そして、できるまでやり遂げることである。これが何より大切になってくる。

「できない」という考えを捨てろ！ 本気の本気の闘いをしろ！

数字については、できない理由も、できなかった言い訳も必要ない。これは、絶対に達成しなければならない数字であるからである。

そのためには、「できない」という考えを捨てることである。本気の闘いをしていない人は、この「できない」という考えが先に出ていて、結果、何もしていない状態である。

できないという考えを捨てるからこそ、そこに新しい方法が生まれる。これが素直な心である。その素直な心とは、他人の言葉に盲従することではなく、その言葉の中にある正しさに共感し従うことを言う。

この素直な心が一人ひとりを強くしてくれる。まだまだ、本気の本気、必死の必死が足りないと心得よ。

攻めも守りもせず、戦わずして負けていないか!

本当に売上げを取る気があるのか?

何もしないでも売上げが取れるのであれば問題はないが、予約もなく、雨で厳しい状況が分かっているにも関わらず、なぜ、追加の対策を打たないのか?

売上げを取らない限り、利益が取れないことを分かっていれば、あと一人、あと一組に対する取り組みをしているはずであるが、それをしていないということは、分かっていないということである。

売上げも取らない店に限って、利益も取りにいっていない。それでいて、人だけが多くいる。これは、攻めることも、守ることもしていない状態である。これを戦わずして負けている状態と言う。売上げを取ることに、もっと貪欲になれ。そして、利益を取ることにもっと貪欲になれ。

幹部は、担当店舗の問題を必ず解決するプロであれ!

幹部は、直し屋のプロでなくてはならない。それは、幹部が存在していることで、店の状況でおかしい所がどんどん直されて行くことである。つまり、幹部の力で店舗の実情が正しく評価され、そして、その問題について店長と共有し、さらには、店長と共に考え、共に行動することで、その問題解決を図っていることである。

そのためには、幹部が店の状態と数値のスタンダードの番人として、また、お客さまの代弁者として、さらには会社の代表者として、担当店舗に対して明確に問題と基準を伝えることである。

このことができない限り、幹部の存在価値はありえない。

非常事態、緊急事態の時に、会社の差がわかる!

砂上の楼閣も、基礎のしっかりした建物でも、見た目は同じだが、台風が来てみて、初めてその強さが分かる。その我々にとっての台風とは、不況であったり、緊急事態であったり、非常事態のことである。この時に、企業間の格差がはっきりと出る。

だから、我々は、今の時代をチャンスととらえ、真正面から向かい合っている。この厳しい時代、難しい時代、そして大変な時代が、我々一人ひとりを鍛え、店を良くし、さらには会社をより良くより強くしてくれると考えているからである。そして、不況に強い会社、緊急事態に強い会社、さらには非常事態に強い会社にするために、衆知結集、一致団結、一丸経営で取り組むことを何より大切にしている。

もちろん、これは一朝一夕でできるものでないが、我々は不断の改善を積み上げることで、日々強くなることを目指す集団である。

だから、問題解決には上も下も関係ない。全員で問題を真正面からとらえ、そして、共に同じ汗をかきながら全員で問題と格闘してゆくのである。

言ったつもり、伝えたつもりでは、絶対に問題は解決できない！

まだまだ言ったつもり、伝えたつもり、できているつもりで仕事をしている人がたくさんいる。だから、現状認識が甘く、結果として問題解決が進まない。これも、精神論に抽象論、それに、全体論に一般論の仕事である。

何度も言っているように、問題を解決するためには、実際に現場に行き、そして、現地・現物で確認し、言ったことのでき映えを確認し、さらには今一度確認し、そして、結果を評価することである。

これでようやく問題が一つひとつ解決する。

オペレーションとコストコントロールが基本！

良い業績を残している店は、店でのオペレーションとコストコントロールがしっかりしている。売上高も利益も、このオペレーションとコストコントロールに対する技術力で決定する。つまり、状態と数字のスタンダードの実現に向けて不断の改善をしている店のことである。この努力が店の人気を決定し、店の売上げと利益を決めている。その中心にいるのが店長である。だから、我々にとっての優先課題が店長育成になってくるのである。

そこで、まずすべきことは、目指すべき状態と数字を正しく理解させ、そして、認識させることである。

次にすべきことは、目標を明確にした月報を中心に、問題解決のために取った対策行動の結果を確認することである。

今の時代は、一人ひとりが責任を自覚し、反省の促しを行い、そして、自らが次に挑戦する時代である。この主体性こそが何より大切である。

店の病気も、早期発見、早期治療が効き目がある!

店も人間と同じように病気にかかる。その病気が、我々の言うところの状態と数値の問題点である。この問題を放置したり先延ばししたりすると、人間と同じで、その症状はどんどん悪化する。

人間の治療も、店の治療も基本は同じ。それは、問題の早期発見と、問題の早期治療が一番効き目がある。

だから、問題を放置すると、その症状は悪化し、処方箋では直らなくなる。つまり、問題を放置すると症状はどんどん悪化し、直すのが難しくなるということである。何ヶ月も何ヶ月も問題が直らない店とはそんな店のことを言う。

最後は、他の人の手を借りて大手術をしなければ解決できなくなる。そうならないためにも、問題解決には、早期発見、早期治療が一番である。

目標達成まで、逃げない、ごまかさない、そして諦めない！

目標を達成するためには、最後の最後まで問題から逃げない、問題をごまかさない、そして、問題解決を諦めないで闘い抜くことである。

しかし、問題から逃げて問題に向き合わない人、言い訳を見つけて問題をごまかす人、そして、できない理由を探して問題解決を諦めてしまう人がいる。

そんな姿勢では、絶対に店長達を勝者へと導くことはできない。店長達を勝者に導けないということは、部下に対する責任を果たしていないと同時に、幹部としての存在価値が無いと言うことを意味している。

そうならないためには、最後まで問題から逃げない！　問題をごまかさない！　問題解決を諦めない！ことである。そして、店長達と共に額に汗し、頭に汗し、共に働くことである。

目標を達成するとは、そんな基本姿勢と、そして、共に汗することで生まれる。

成果を知らせ、そこの問題を共有することを忘れるな!

人は、出た結果を反省材料として、次の仕事を進めてゆくことに、やる気を起こすものである。つまり、進捗や結果を共に確認することである。これがフィードバックである。

これは、自分にとっても部下にとっても大変重要なことである。誰でも、自分のやっていることがどのくらい成果を上げているのか知りたいものである。だから、我々は、業績を含め、全ての業務を「オモテ化」し、さらには「見える化」し、常にフィードバックできるようなシステムにしている。後は、全員がこれらを効果的に使いこなすことである。

抽象論や精神論でとりつくろいだり、問題があるにもかかわらず、すべて順調にいっているふりをする必要は全くない。人は攻撃されたり、事実をごまかされたりすると、組織を尊重しようという気も、自分の仕事に対する誇りもなくしてしまう。

正しい結果を下に、全員で問題を共有し、そして、問題と格闘することである。そのための基本行動がフィードバックである。このフィードバックこそが、業績を向上させ、そして、一人ひとりに満足感を味わわせるための、最もコスト効率のいい戦術である。

店の状態と数字が変わるまで、店長に知識と経験を充足する!

店長に知識と経験を積ませながら、店長を強くし、店を強くすることが大切である。そして、担当店舗から最大限の売上高と最大限の利益を出すことが幹部の仕事である。そのためには、店長に対するコミュニケーションとトレーニングが重要になってくる。そのコミュニケーションの基本は、売上げと店の状態と数値を分析して、どうすればお客さまに喜ばれ、また、その結果としての利益を上げられるようになるかを、根気強く、繰り返し伝えることである。

1回や2回ぐらい言って、言ったつもり、伝えたつもりでいるから店が良くならないのである。情熱と根気とは、何度同じことを言えたかで、部下の動きが変わり、店が変わることを言う。

これと同時に大切なことが、実地でのトレーニング(指導)である。それは、店をどのように変化させるか、そのためには何をするのかを明確にした指導をすることである。

店長を指導しない限り店が良くなることは絶対にありえない。店長を指導できるから、店が変化し、そして、良い結果を得ることができるのである。その時、必要なことが、知識の充足と経験の充足である。その知識の充足が教育であり、経験の充足が訓練になる。

自部門は、自分で守り、自分で責任を取ることが基本!

自部門は、自分で守り、自分で成長へと導く! これが基本である。そんな自部門を守り、そして、自部門を成長発展へと導くためには、人の意見に流されても、また、人の意見を聞かないのでは話にならない。

当然だが、しっかりとした考えや意見がない人は、自部門を引っ張ることはできない。四六時中、自部門のことだけを考えてこそ存続が許される。だから、自部門のことは会社の中で誰よりも一番知っている。これが当たり前の状態である。これがあるから責任ある対策と行動が取れるのである。

単に言われたことだけを体裁よくやっているようでは、守ることも成長へと導くこともできない。四六時中考えているから、自分の意見が単なる意見ではなく戦略や戦術になるのである。

四六時中、自部門のことだけを考えている人は、他の意見に流されることは絶対にないし、逆に、他の人の意見を聞き、自部門に活かし行動している。そして、結果についで責任を取っている。

厳しく難しい時代だからこそ、自分自身を磨き高めることが何より大切である。そのためにも、自分自身の考えや意見をしっかりと持ちながら、いろいろな人の意見を参考にし、次の一手を常に考えることである。

組織管理するための「基本5項目」を忘れるな！

業績が良くない原因には、環境の変化に対応できていないことも一因としてあるが、本当の原因は、組織管理ができない幹部がその組織を運営していることに起因していることの方が多い。つまり、業績の良くない原因は、自分たちの運営にあるということである。

幹部の仕事を一言でいえば、リーダーシップを発揮し、組織を通じ、部下を通じ、そして仕事の成果を挙げることである。つまり、部下を勝者へと導くことで、その結果として自部門を成長させることである。

この視点に立って考えれば、我々がしなくてはならない仕事には大きな変化もなく、その仕事は、大きく5つぐらいである。

①自部門の問題点の整理（解決すべき問題点の整理）
②問題解決のための組織づくり（責任と機能と役割の明確化）
③目標設定と動機付け（目標の共有化と進捗の確認）
④教育と訓練の実施（徹底して仕事を教える）
⑤業績の評価（目標と結果の確認を通じて評価する）

成果が出ていないのは、この5つの何かが不足しているからである。

例えば、問題を整理できず、あれもこれも手を出し、全てを中途半端にしている状態。責任を理解させることができておらず、無責任な組織集団になっている状態。目標と進捗の確認を怠り、場当たり的な仕事をしている状態。ロクに仕事も教えないで、あれこれ言っている状態。目標と結果から評価せず、印象で評価している状態等である。これでは、良い成果を出したくても、良い成果は出ない。

これらは、全て自分自身の問題である。つまり業績が悪いのは、自分自身の組織管理に問題があるということになる。今一度、自分自身の行動を振り返り、そして組織管理について見直しを図る必要がある。

仲間の労力をムダにするような金の使い方は、一切許すな!

「財」＝お金をムダに使う人は、多くの人たちの誠心誠意による労力をムダにしている。つまり、片方で一円の利益を出すために全員が知恵を出し、一生懸命に汗を出し努力をしても、もう片方で、知恵も出さない、汗も出さないで平気に何十万円という利益を垂れ流している部門は、一生懸命に努力をしている部門の人たちの誠心誠意の労力をムダにしているということである。

こんなことは許されることもなければ、認めることもありえない。これでは、一生懸命に真面目に取り組んでいる人たちの努力に申し訳が立たない。

もちろん全員が知恵を出し、そして汗を出さない限り、今の時代を乗り切ることはできない。だが、ムダを垂れ流している部門がある。

そんなムダを垂れ流している部門は、直ぐにリセットし、多くの人たちの誠心誠意な労力に結果の数字で応えることである。

一店一店の店長が自力で十分に戦えるようにする!

たいへん優しい人がいて、毎年、飛来する野鴨にエサをやっている人がいる。その結果、野鴨たちは野生力を失い、餌場に居つくようになった。

これには落ちがあって、野鴨はエサがもらえなくなると、自らエサを捜すことをせず、その結果死んでしまったということである。

大善は非情に似たり、小善は大悪につながる、という言葉がある。エサを与えるのは小善したようだが、その結果は、野鴨を死に追いやった。

逆に、エサをやらないのは一見冷たいようだが、実は大善ということである。我々は人を大事にするが、野鴨を飼いならすような従業員の扱いはしない。

もちろん、困っていれば何時でも助けはする。しかし、一店一店が自力で十分に戦えるようにすることを何より大切にしている。このことをしっかりと頭に入れながら、店長たちを自分の力で戦えるようにしろ。

今一度、ワークスケジュールを確認し、指導しろ!

我々の仕事は、段取り80％で売上げも利益も決まる。その段取りには、営業前対策で、宴会の予約率を高めることもその一つだし、ワークスケジュールを確認することで、攻めの営業と人件費のコントロールをすることもその一つである。その他にも、発注の確認やスタンバイの確認等もある。これらは全て、売上げと利益を得るための段取りである。

この段取りができていなければ、場当たり的な営業になり、期待する良い成果を得ることはできない。

この段取りを確認し、そして指導するのが幹部の仕事である。中でもワークスケジュールの確認と指導は重要である。

担当店舗の中には、ワークスケジュールすら発表されていない店、売上予測も宴会の組数も人数も記入されていない店、線だけで作業割り当てが全くされていない店、労働時間の合計も、接客生産性の算出もされていない店、さらには、人が足りないのに出勤交渉もしていない店､反対に人が多いのに出勤の調整もしていない店等がある。これでは、良い結果を得たくても、良い結果を得ることは絶対にできない。

何度も言っているように、我々の仕事は大きく分けて2つである。一つは段取り確認（準備の確認）と、もう一つは当日の実施確認（対応の確認）である。この段取りの確認と指導をしないから、当日になってバタバタするのである。

先を見越し、準備して、戦略を練り、賢い行動をする!

まだまだ、実践されないのが、賢く行動することである。つまり、額に汗しながら、同時に、知恵も振り絞り、行動することである。

いまだに、こなした仕事の量と仕事の成果の間に直接的な因果関係があると思っている人がいる。だから、単にたくさん働けば働くほど成功すると思っている。

もちろん、額に汗し、一生懸命に働くことは何より大切なことではあるが、思いつきや場当たり的な対策では良い成果を得ることはできない。

良い成果を得るためには、一生懸命に働く必要もあるが、その前に戦略を考え、そのための準備をする必要がある。つまり、先を見越して考え、そして準備し、次に行動することである。それも時間を割いて考え、戦略を練り、何を優先させるべきか順位をつけることである。

部下の能力をもっと引き出すことにも、妥協はするな!

部下を勝者へと導くためには、常に問題点を共有し、そして、常に一段高いレベルの仕事を要求しなければならない。ただ、要求すればするほど、部下には煙たがられるかもしれない。

しかし、それが、部下が壁を破ることにつながり、結果、良い成果につながる。そのためには、自分自身も同時に追い込まなくてはならない。

つまり、状態のスタンダードと数値のスタンダードについて、妥協しない、言い続ける、見逃さない、という強い覚悟が必要になる。

これは、かつて自分の力を引き出してくれた上司を思い起こせば分かるはずである。その人は厳しさと優しさを兼ね備え、良い成果を出すことを第一考え、そして、あなたにより高い目標を要求したはずである。同時に、目標達成に関しては、決して妥協しなかったはずである。

我々がすべきことは、そんな良い業績を残すために、部下の力をもっともっと引き出すことであり、結果としての良い業績を残すことである。部下を勝者へと導くとは、そんな部下の能力を引き出すことによる良い業績を挙げることである。

結果に対する反応が次につながらないから、収益が悪くなる！

思った結果が出なかった時、幹部がどういう反応を示すのかが大切である。この点をしっかりと考え、そして、コミュニケーションを取る必要がある。このコミュニケーションが曖昧だと、次の新たな行動が成果につながらない。つまり、反省もなければ、行動の変化も無い状態である。

大切なことは、現状について事実を共有し、次につなげることである。そのためには、問題の改善の度合いを一緒に確認し、認識させることである。その時、できなかった理由も、できていない言い訳も聞く必要はない。必要なことは、問題の事実が残っているということである。そして、目標が達成されないことが組織にどんな影響を与えているのか、これもきっちりと説明することである。

つまり、会社の収益が悪いのは、問題解決が遅れていることが一番の原因だということを理解させることである。これによって責任感覚も高まり、新たな行動が生まれ、そして、成果とつながってゆくのである。

進捗の確認や、結果の反応には、そんな仕事に対する評価と併せて、次の成果につなげる大切な役目があることを忘れるな。

間違っても、部下の仕事に対して、無反応、曖昧、気分、と言った行動だけは決して取ってはならない。仕事に対する反応は、我々のたいへん重要な仕事の一部であるからである。

すぐやる、すぐやめる、トコトンやる、徹底してやる!

「悪い、悪い」と言いながら、結果、何も行動しないのでは悪くなるばかりである。何もしないことが一番のリスクになる。

何も難しいことではない。良いと思ったことはただ今、直ちに実行し、逆に、悪いと思っていることはただ今、直ちに止めることである。

現場には、まだまだそんな、やれること、やらなければいけないこと、やってはいけないこと、やってほしくないことがたくさんある。それらを、すぐやる、トコトンやる、そして、徹底してやることである。何より重要なことは、これを確実に実行することである。

まずは、このことを徹底的に実行し、そして、その間に次の一手を考え、必要に応じて対策を追加し実行することである。それでなければ、店はやがて老い、そして、枯れ果ててしまう。

叱るのは、店の人たちの関心を問題に向けさせるために!

我々は、問題解決のために常に現地・現物での確認と指導を中心に仕事をし、目標を達成したときには、店の人たちに対して大いに賞賛する。しかし、目標が達成できなかった時には、遠慮なく叱責する。

ただ、その叱責は、公平・建設的・冷静なもので、怒りをあらわすことはない。もし、怒りをあらわすとしても、それは個人に向けられたものではなく、問題の事実に対して向けられたものであり、やる気をなくしかけた人々に再びやる気を起こさせ、店の人たちの関心をあらためて問題に向けさせるものである。その結果、全員がまた問題に向き合い、そして、問題解決に対して行動をとるようにすることである。

あとは、問題を解決するために、部下と共に歩むことである。共に考え、共に働くことは、一番のモチベーションであることを忘れるな。

壁を突破する頑張りができない会社や個人には、未来はない！

仕事とは、どのような状況下でも、常に壁を突破するために努力する必要があり、この壁を突破することに、やり甲斐や生き甲斐を感じなくてはならない。それは、やり甲斐や生き甲斐の無いところには、成長がないからである。

当然、無理もできない会社や個人にも未来はない。それは、何の不安も感じなく、壁を突破する努力を怠れば、そのうち消滅してしまうからである。

しかし、大変ありがたいことに、時代環境は大きく変化し、常に我々の前には高い壁がそびえたっている。その壁を突破するためには、やり甲斐と生き甲斐を持って、果敢に新たなことに挑戦しなくてはならない。それは、次の時代にも輝いているためでもある。

預かった部門を成長に導く、真のリーダーを目指せ！

真のリーダーとは、全員を取り組むべき課題に巻き込み、そして、良い結果を出すことに全身全霊で取り組む人である。そして、全員を勝者にすることに何より使命感を持っている人である。

そのために、明快な目標を掲げ、そして、分かりやすい対策（問題を解決するためのやるべきこと）を全員に示し、そして、現地・現物で確認と指導をしながら、良い仕事は認め、悪い仕事ぶりについて叱責と再指導している。

また、赤字店については、赤字は罪悪、赤字は何も生まない、赤字は迷惑でしかない、そして、赤字はリーダーの能力と性格の弱点の露呈であると考えている。だから、自身の知識と技術を高めるためには努力を惜しまないでいる。

自部門を成長発展へと導くのは自身にかかっているからで、知識と技術を持たぬ者は、その地位にとどまる資格はないと考えているからでもある。

そんな将来を創造する人こそ、真のリーダーである。それは、革新と変化に対して即応できる性質の持ち主で、預かった部門を成長発展へと導くことができる人である。

たいへん厳しい時代だが、厳しい時代だからこそ、一人ひとりの努力の結果がはっきりする素晴らしい時代である。努力すればするだけ、報われる時代でもあるということでもある。

仕事の速度、持続に、リーダーの真の力がある!

速度は力であり、持続は強さである。速度とは、すぐやる！　今日からやる！というもので、その人が持っている行動力の早さを表している。

すぐやれなくて、何時からできるのかということでもある。まだまだ、思ってはいても、やっていないことばかりである。だから、結果が変わらないのであって、自分の行動力が欠如しているのである。

次に持続とは、トコトンやる、徹底してやるというもので、その人が持っている持続力の強さを表している。対策をすぐに止めてしまう、中途半端で終えてしまう、これでは絶対に良い結果は出ない。

こんなことを繰り返しているのは、自分の執念と持続力の欠如である。速度と持続とは、まさしくリーダーとしての真の力である。

まだまだ、できることはたくさんある。まだまだ、しなくてはならないこともたくさんある。これを、すぐやる、トコトンやる、徹底してやる、そして必ず結果を出す！

これでなければならない。

全員が仕事に夢中になってこそ、この時代を乗り切れる!

一生懸命に仕事をする！　一生懸命に勉強をする！　――何でもかんでも一生懸命やることが大事だとよく教えられてきた。手抜きはいかん！　何でもちゃんとやらなくちゃあいかん！――これが一生懸命な状態だとも言われた。

一心不乱に何かに打ち込んでいる時、それを人はつらいと感じるだろうか？　難しい課題に取り組んでいる時、それを人は厳しいと感じるだろうか？　目標を必達するために、日々考え悩むこと、それを人は嫌だと感じるだろうか？

ちょっと違う気がする。

そういう時って、あっという間に時間がたったような感じがする。だから、一生懸命に何かに取り組んでいる時って、つらい、厳しい、嫌だとはあまり言えないのかもしれない。

誰しも、こんなことを一度や二度は経験したことがあるはずである。一生懸命とは、そんな一人ひとりが仕事に夢中になることである。また、全員が仕事に夢中になってこそ、この厳しい時代を乗り切れる。そのためにも、まずは一人ひとりが責任を自覚し、目標を達成することに一生懸命になることである。

組織の風通しが悪いと、活性化はできない!

今の状況や、目標や課題が現場に落とし込まれないで、情報がどこかで止まっているようでは、問題が解決することはありえない。

しかし、現実には問題が放置され、先送りしている状況がある。これは組織が機能していない状態であり、血の巡りが悪い状態である。組織の循環器は、そんな血の巡りである。

それは、目標や課題、それに指示や命令が全員にスムーズに行き届き、そして、全員がそのことを知っていて実行していることである。つまり、状況を理解し、問題解決のために全員が動いている状態である。衆知を集めた全員経営とは、この血の巡りが健全であると言うことである。

しかし、組織が機能していない、血の巡りが悪い部門がまだ多くある。組織というものは、何も手を打たなければ、血の巡りが悪くなり、その結果、意思の伝達が弱く、言ったつもり、伝達したつもりになりやすいものである。これでは、なかなか、問題解決は進まない。だから、良くなるどころか、改悪するばかりである。

血の巡りが悪いとは、すなわち組織の風通しが悪いということで、現場に物事が落とし込まれない、現場との温度差が縮まらないといったことである。病気で言うと、血管にコレステロールが溜まり、そして血の巡りが悪くなり、その結果、老化現象が起きる状態のことである。会社も同じである。血の巡りが悪く、組織が活性化していない状態である。

このようにならないように気をつけなければならない。何も難しいことはない。店の人たちと共に考え、そして、店の人たちと共に行動することである。そのためにも、自らが手を汚す必要もある。これによって風通しも良くなり、血の巡りも良くなり、そして、自分の信頼も高まる。組織に脈々ときれいな血が通い、そして一糸の乱れもないようにコミュニケーションが図られれば、組織としての一体感が醸成でき、組織も若々しくなる。

現場が問題を理解していないなら、何回も何回も言え！

一体感を持って目標や課題に取り組むためには、確実に現場との温度差をなくし、そして、一致団結し、一丸経営で取り組むことである。

それは、目標や課題が、確実に現場に落とし込まれなければ、結果としての成果は期待できないからである。

そこで、現場への落とし込みができない理由であるが、

①精神論と抽象論でしか話ができない。
②同じことを言い続けることができない。
③現地現物で確認と指導ができない。
④場当たり的で思いつきの仕事しかできない。
⑤物事を表面でしかとらえることができない。

こんなことが現場への落とし込みができない主な理由である。雰囲気と感覚の仕事とは、このような仕事を言う。

そのためにも、まずは問題の共有化と、その問題を解決するためのやるべきことの共有化を図ることである。

言った回数で成果が決まる。そして、そのことを何度も何度も言い続けることである。一度や二度ぐらい言っただけで成果が出れば、これほど楽な仕事はない。本当に耳にタコができるぐらいに言って丁度良いぐらいである。だから、まだまだ言い足りない。

なぜなら、もし、みなさんの話が全部現場に伝わっていて、現場が理解できているのなら、さっさと実行に移され良い結果が出ているはずである。それが現実にはそうなっていないのだから、何回も何回も言い続けることが必要なのである。

やってもらいたいことが実行されていないのは、同じことを言い続けることができていないということでもある。

結果が出ないときも、そこから学び、最後は成し遂げる責任と執念を!

当然だが、仕事とは、結果を出したか、出さなかったかで決まる。その過程における努力、プロセスも重要だが、それらは結果を出した時にだけ認められるものである。

だから結果を出す！　ということに、絶対的な責任や執念が必要になる。

それでも、期待した通りの結果が出ない時もある。それは、仕事には失敗はつきものと言う一面があるからである。重要なのは、そこから学び、そして、失敗に立ち向かい、最後には自己のなすべきことを成し遂げることである。

そうすれば、同じ失敗を繰り返すことなく責任と執念が強くなる。これから戦いは、そんな責任と執念の戦いになると心得よ。

目標を達成するためには、売上対策と同時に労務対策を!

売上対策だけでも、利益対策だけでも目標は達成されない。売上対策をやりながら、同時に利益対策を打ち、そして労務対策を同時にする。これでなければ、結果の利益を出すことはできない。

結果が出ていないということは、まだ仕事に対する甘さがあるということだ。これでは到底、目標とする売上げも利益も達成できない。本気の戦いをしない限り生き残りの道はないことを忘れるな。

仕事をやらぬのは、インタレスト（興味・関心）の欠如である。だから、幹部は店長たちに、一つひとつの問題を認識させ、常に、その問題に目を向けさせているのである。

次に、仕事をやれないのは、アビリティ（能力・手腕）の欠如である。だから、我々は、現地・現物での確認と指導をするのである。

最後に、仕事をやらせないのはリーダーシップの欠如である。だから、我々は、自分自身のリーダーシップを高める努力を怠らないのである。

現場との一体感を醸成し、一致団結して成長の速度を速めろ！

自部門の成長発展は、その部門のリーダーに負うところが大きい。そのリーダーの能力次第で、その部門の成長発展の速度が左右される。

特に、そのリーダーと現場との一体感の醸成が、その部門の成長の大きな鍵を握っている。

だが、現場との温度差、認識不足、教育不足がまだ多々見受けられるし、まだまだ行動に力強さが感じられない。これでは、何時までたっても良くなることは絶対にない。

経営は高い目標を完遂するところに成長があり、その過程を通じて人間は成長する。だから、我々は、挑戦的な目標を設定し、現場の人たちと共に歩んでいるのである。そのために、現場に行き、店の人たちと語り、そして共に働くことで新たな道を切り拓いているのである。現場が変わらない、良くならない、ということは、まだまだこれが足りないのである。

今一度、一体感を醸成し、一致団結して、人の育成にもっと力を入れ、大逆転劇を演じろ。

「自分を変える!」を実行できなければ、新しい時代に対応できない

毎日斉唱している、「自分を変えろ!」であるが、本当に自分を変えなければ負け組みになってしまうことが分かっていない様である。

時代環境がどんどん変化し、我々もその状況に対応していかなければならない。それも早急である。ゆったりしている暇などない。

しかし、現状は、まだまだそのことに気付いていないようである。だから、一つひとつの問題に対する改善が遅れている。

もし、自分を変えられないというのであれば、新しい時代や環境に対応できず、滅びるということを忘れるな。本気になれば、必死に努力すれば、なんだって身につくし、自分を変えることもできる。

自分を変えられない人は、単に毎日努力していないだけである。「自分を変えろ!」という発想があれば、そんなふうにはならないはずである。

日々、売ることにこだわり、スピードあるオペレーションの徹底を!

売上げには勢いがあり、その勢いを引き寄せることが何より大切になる。

それは、売ることにこだわり、予算達成にこだわることで、一円の機会損失も出さないオペレーションをすることである。そのためには、日々、予算達成を心に誓い、最後まで絶対にあきらめないで闘い抜くことで、売上予測に発注と仕込み、それに、確実な人揃えと作業割当による良いオペレーションすることである。

具体的には、明るく元気なあいさつをすること、料理とドリンクでは絶対にお待たせしないこと、一分でも早く店は開けること、駐車場の管理は怠らないこと、バッシングは1分で終えること等、徹底したスピードあるオペレーションを正確かつ丁寧に実行することである。

つまり、Q・S・C＋人間力で最高のオペレーションをし、売れたではなく、売ったと言えるオペレーションをすることで、その結果としての最大売上げを達成することである。

課題を解決する「一連の流れ」を常に整理し、進めよう!

結果としての成果を出すことが何より大切である。そのためには、課題の現場への落とし込みと、確実な対策を実行することである。これが、成果を出すためには一番大切なことである。

口で論ずるのは簡単にできるが、それを現場で実行できるか否かは別問題である。しかし、課題を現場に落とし込むことができず、店舗での実行が伴わなければ、問題は何一つ解決しない。

そのためにも、以下のことを今一度、確認しろ。

①問題点を全員で確認し、そして、その問題点について共有できているか?
②次に、その問題を解決するために、やるべきことを整理しているか?
③さらに、そのやるべきことを、全員で確認し、そして共有できているか?
④次に、そのやるべきことを一人ひとりが徹底してやっているか?
⑤最後に、そのことを現地現物で確認し、指導しているか?

ここまでが問題解決の一連の流れである。何も難しいことはない。この流れを整理し、そして、徹底してやり切るだけである。

幹部は、会社を代表して問題点を現場に伝えていることを忘れるな!

店の人達に、今の数字やQ・S・Cの状態について、率直かつ正直な態度で、店の問題点を確実に伝え、そして、その問題点の共有化を図り、一緒に問題解決を図らなくてはならない。つまり、店の人達にとっては、幹部が会社そのものである。なぜなら、店の人たちと会社をつなぐ唯一の鎖が幹部だからである。

このことをしっかりと理解したうえで、会社を代表した行動を取ることである。これができないと、現場との温度差が何時まで経っても縮まらない。現場との温度差は、幹部の言動に起因していることを忘れるな。

店の人達が最も必要としているのは、質の高いコミュニケーションである。何も一般論や雑談を期待している訳ではない。それは、現状についてのフィードバックと確実なトレーニングでもある。

これにより、店の人たちの能力を最大限に伸ばすことができ、結果として店の問題が解決されるのである。つまり、我々の役割は、問題点をはっきりと言葉で伝え、そして、それに必要なトレーニングを推し進めることで、店の人たちと共にその問題を解決することである。店の運営レベルを上げるための方法は、残念ながらこの現地・現物での確認と指導しかない。

商品も、人も、お客さまに選んでもらう「質の挑戦」を！

どの業界も、そして、どのマーケットも、環境の変化と併せて競争激化の中、生き残りをかけて戦っている。その結果、勝者と敗者がはっきりと分かれてきている。これは早く事業を始めたから勝者になっている訳でも、逆に、始めたのが遅いから敗者になっている訳でもない。そこには、常に質を最優先し、お客さまの満足を追い求めた戦いがある。どこも、何より他社との差別化に力を入れている。商品も当然だが、人のレベルでも違いを出している。

もし、チェーンごとの違いがないのであれば、よく言われるように既に外食産業界も飽和状態である。しかし、他のチェーンと中身が違う限り、競争に打ち勝てる。

しかし、勝ち組であっても、質の挑戦をやめれば、たちどころに敗者になり、店は衰退してしまう。お客さまに選んでいただいたところしか残れない時代である。

さらに、我々の仕事は、労働集約型の産業であり、働く人の質が業績を大きく左右する。これも商品の質と同じように、従業員の質が一度落ちてしまうと、それを再教育して元に戻すのは非常に難しくなる。だから、お客さまの立場に立った改革を繰り返し、そして、常に従業員を育成することに力を傾ける必要がある。

このように商品の質を高め、そして、人材の育成を進めることで、お客さまから選んでいただける店になり、そして、この資本主義の勝者になるのである。そんな努力が日々行われている所だけが、良い業績を残すことができる。

たとえ売上げは達成できなくても、結果の利益は絶対に守る！

オペレーションラインの責任の第一は、何と言っても数値責任を全うすることにある。数値責任のないオペレーションラインなど存在しないし、あってはならない。だから幹部は、数値責任感覚を持った強い集団でなければならない。それは、今もこれからも変わることはない。

ただ、数値の優先順位を変えることはある。それは、売上げが達成されれば、必ず利益も達成できるという方程式があったからである。

これは、決して間違いではないが、売上げが達成できなければ利益が達成できないのでは、これからの経営は成り立たない。これからは、たとえ売上げが達成できなくても、結果の利益は絶対に守るという取り組みが一番になる。

これは、単なる経費削減のことはない。徹底したムダ取りをしながら、オペレーションの強化を図り、結果としての利益を追い求めてゆくことである。

厳しい今こそ、部下に、店に、幹部のほうから活力を与える!

順調な時は誰しも元気があり、店にも活力がある。だが、少し厳しくなると、元気がなくなり、店の活力も弱くなる。これでは営業部門は務まらない。厳しい戦いが続いて、上司が暗く、元気もなければ、店は活力を失うばかりである。また、上司から発せられる言葉がマイナス発言ばかりでも、店は活力を失う。

厳しい今だからこそ、我々一人ひとりの明るく元気なあいさつと、元気の出るプラスのストロークが重要になってくる。これが、最後には必ず勝つことを信じた戦いに挑む姿勢でもある。

そのためには、店の人たちにモチベーションを与え、そして、共に行動することで勝ちにこだわる組織を創ることである。

そのスタートは、誰に対しても親愛の情を込めて元気を与えることである。それは、元気で明るいあいさつと、元気の出る言葉を投げかけることでもある。それも先にあいさつをかけることが重要で、あいさつをされてから後であいさつをするようでは何の効果もない。先にあいさつをすることで、店の人たちのモチベーションが高まる。あいさつをされることによって、自分たちの存在と期待が高まり、店の人たちの期待と存在が高まれば、それは店に活力が宿ることを意味するからである。上の人から先にあいさつすることは、組織が強くするということである。厳しい今こそ、店に活力を与えろ。

問題が解決しないのは、雰囲気と感覚が変わらないから!

確実に成果を出すためには、問題を共有しながら、必要なコミュニケーションと直接的な指導を行わなければならない。

成果が出ないのは、このコミュニケーションと指導が不足しているからである。抽象論に精神論、それに雰囲気と感覚では、いつまで経っても現場は変わらない。だから、自分では、言ったつもり、伝えたつもり、できているつもりで仕事をしている。このレベルで仕事をしているから、結果の成果が出ないのである。現場に課題・問題が浸透しないのも、この雰囲気と感覚のためである。

やるべきことは、既に分かっているはずである。そして、その問題を解決するための手法も、決定しているはずである。

後は、対策の実行と成果を日々確認し、必要に応じて、コミュニケーションと指導をすることである。まずは、このことを徹底してやれ。

課題の解決には、解決までのスケジュールと期限を決めろ!

現場に課題と問題を浸透させ、そして、結果の業績を上げなければならない。そのためには、一つひとつの課題と問題について、現場で確認し続け、指導しなければならない。また、その時、課題や問題を解決するための対策の取り決めとスケジュールの確認が大切になる。

つまり、課題一つひとつについて、その対策の内容とでき映え、そして、その課題を達成する日時を明確にすることである。それは決めないと、課題を部下が実行しないということもあるからである。

決めたことを部下がやらないというのは、自分の仕事の進め方にも問題があり、仕事の詰めが甘いことにも起因している。いつまでに、何を、どのようにといった具合に、事前の計画段階でのすり合わせと合意ができていないからである。納期があるからこそ、仕事に迫力と具体性ができてくる。

また、納期があるからこそ、その納期を目指して自分が行動するのである。部下の行動と自身の行動をリンクさせ、良い成果を追い求めて行動しろ。

オペレーションラインは、「5つ指導」を正しく実行すること!

我々の仕事は、担当店舗から最大限の売上げと利益を引き出すことにある。それは、お客さまに責任を果たすことと同時に、会社と部下に対しても責任を果たすことでもある。

それは、プロの直し屋としての5つの業務に集約される。

①担当店舗が良いオペレーションができるように指導すること。

②担当店舗が良いコストコントロールができるように指導すること。

③担当店舗が良い人材育成が行われるように指導すること。

④担当店舗が良い販促活動を打てるように指導すること。

⑤担当店舗が良い店舗組織づくりを行えるように指導することである。

これはオペレーションラインの我々がしなければならない一番の責任であり、我々オペレーションラインの人にしかできない仕事でもある。

まずは、この5つの仕事が正しくできているか確認し、そして、もし不足があるとするならば、その不足を補わなくてはならない。

店から最大限の売上げと利益を引き出すためには、店にバランス感覚が必要で、その店を指導する幹部にもバランス感覚が必要だということである。偏った仕事をしていると、店も偏った成果にしかならないと心得よ。

勝つことで店に勢いをつけるから、次の勝ちを呼び込める!

「勝ち」が店に勢いをつけ、そして、その勢いが店に勝ちを呼び込む。これは、勝つことで、さらに攻めに転じることができるからである。

「攻め」は最大の防御と言われるように、攻めることができなければ、勝つことはできない。

そのためには、早め早めの行動を取り、そして、自らの力で勝ちを呼ぶことである。それは、リピーター対策にフリー対策、それに予約対策を、さらに積上げることでもある。

守っていては勝てない。だから、攻めることが何より大切になってくる。そんな対策を積上げることと、その対策を強くすることでもある。このような対策行動が店に勢いをつけてくれる。

オペレーションの構築のため、標準化・単純化・専門化を早急に！

我々の直面する課題として、オペレーションの標準化・単純化・専門化が遅れている。

そこで、標準化・単純化・専門化について説明する。

まず、標準化とは、食材の分量や一つひとつの作業の基準を明確にし、例外の作業をなくすことで、店がお客さまに約束したＱ・Ｓ・Ｃを厳守する仕組みを開発することである。

次に、単純化とは、その分量や作業を誰でも同じように確実にできるようにするために、一つひとつの作業を単純化することである。単純だから容易に仕事ができ、容易にできるから、誰にでも確実にできるようになるのである。これによって飛躍的に生産性も高まる。

大切なことは、複雑であった作業を単純にすることで、品質を維持しながらも、誰もが間違いなく作業ができるようにし、効率を高めることである。

最後に、専門化とは、他店にない力を持つことで、より強力な独自性を持ち、競争優位性を高めることである。

以上が、標準化・単純化・専門化であるが、このことを構築するためにも、以下の視点で一つひとつの作業を見直す必要がある。
①品質を守り、効率を高める最良の方法を見つけ出すこと。

②それを言葉と数値、それに図や絵で表現すること。
③それを全員に覚えさせ、その通りに行動させること。
④例外のないようその作業を習慣化すること。
⑤さらに良い方法を見つけ出し、それを直ぐに取り入れること。
この5つの視点で一つひとつの作業を見直すことが、オペレーションの標準化・単純化・専門化になる。

これによって、店の信用も高まり、さらには、収益の改善と労務の改善を同時に図ることができる。

幹部一人ひとりが、言行一致を守らなくては結果は出ない！

会社にとっても、幹部にとっても、「言った通り実行する」のは、きわめて重要なことである。

こんなごく初歩的な常識だが、これができていない人がまだまだいる。つまり、言っていることと、やっていることが違うということである。

この、言っていることと、やっていることが同じにならない限り、良い結果を得ることはできないし、これができなければ、他のことはすべて無意味になる。だから、我々は、言行一致を何より大切にしている。

幹部全員が言ったことを確実に実行すれば、必ず大逆転劇が起きる。行動こそが業績の決め手であることを忘れてはならない。すべては行動することからはじまる。

まだまだやれること、やらなければならないことがたくさんある。そのやれること、やらなければならないことを即刻実行に移すことである。

会社の将来は自分たちにかかっている!

幹部社員の意識改革こそが、会社の成長発展につながり、そして、自分たちの将来をも明るくしてくれる。そのためには、まず、自分自身の心の持ち方を変えることである。

それは、会社の将来は自分たちにかかっているんだ、という強い使命感のもと、自分自身を変えることに、もっともっと力を注ぐことである。

心の持ち方が変われば、日々の行動が変わる。そして、日々の行動が変われば、習慣が変わる。その習慣が変われば、新しい社風が生まれ、新しい人格が育つ。そして、社風と人格が変われば、会社の将来も自分たちの運命も変わる。

この変化の過程に、一人ひとりが自分を変えることができなければ、会社も我々も落伍者になってしまう。この意識がまだまだ足りない。今こそ自分自身を変える必要があると心得よ。

夢を語り、目標を明示し、合わせて確認をトコトンしろ!

組織や人は、指示・命令だけで動くわけではない。

組織や人は、指示・命令だけで良くなることはない。

組織や人がより良く、そして、より強くなるためには、そこで働く人たちが目標や課題に対して納得・合意し、積極的な行動をすることである。そのためには、まず、幹部自らが手本を示し、夢や目標を語ることである。人は、地位や肩書きだけでは動かない。人が動くのは、上司の後姿や志、それに、夢や目標が明示されたときである。そして、将来について共に希望を語り合うことができたときである。

次に、その目標を達成するために、一つひとつの対策を明確にすることである。そして、そのことを単純にして分かりやすく伝えることである。

やってほしいことを単純にしてこそ、その意図が伝わる。そして、最後には、現地・現物で一つひとつの課題の進捗を確認しながら直接指導することである。確認業と指導業に徹し、トコトンやる、徹底してやることである。

そして締めくくりは、その仕事ぶりを観察し、そして、評価することである。この場合、誉めることを何より大切にし、たとえ叱る場合においても、相手が納得し、反省し、そして態度と行動を改めてもらうことを目的に叱ること。感情的に怒鳴ったり、相手が反感をもつような注意の仕方には意味がない。

真のリーダーになるためには、一に目をかけ、二に声をかけることを忘れるな。

YESTERDAY

TODAY

TOMORROW

夢の実現、それは夢を抱く想像力と
そして夢を実現するあなたの
創造力にかかっています

事例12

競合店を観察し、そこから学ぶこと。

お客さまのご満足無くして店の繁栄はない。そのためには、お客さまにご満足していただくためのノウハウを、実際の事例から学ぶことである。

自店はもちろん、競合店を観察することにより、自分の目で客観的に問題点をとらえるから、解決策を考えるチャンスが生まれ、さらなる発展のための方策が生まれる。案外、自分の店の問題点にも気づかず、漫然と営業を続けている店が多いものである。ここでは、いくつかの事例店を見ながら、改善の必要なところを取り上げ、その問題点を洗い出し、改善策を考えてゆく。問題解決の思考訓練にしてほしい。

事例1

店内に入った途端、イヤな感じ……

その原因の多くが、店で働く人達の身だしなみの悪さである。働く人の頭はぼさぼさで、ユニフォームは汚く、無精ひげまで生やしている場合もある。我々の商売は第一印象で決まる。

この事例から学ぶこと

お客さまは店で働く従業員の様子から、その店の第一印象を決定している。

具体的には、「元気があって良い店だね」とか、「従業員の躾がよくできている店だね」とか、「綺麗にお掃除ができている店だね」と言った具合である。

もちろん、この逆の場合もある。「従業員の教育ができていない店だね」とか、「従業員の躾ができていない店だね」とか、「店長がだらしない店だね」と言った具合である。

身だしなみやあいさつを、おもてなしのスタートにしているのは、この第一印象評価を高めるためである。

まとめ

この事例の解決策

店の第一印象評価を高めるためには、まずは、身だしなみの基準を明確に設定し、そして、その基準をみんなで守る状態を作ることである。

そのためには、身だしなみの基準は、できるだけ具体的にしなくてはならない。

★おもてなしのスタートは、第一印象★

第一印象の評価が決まるまでの時間は非常に短く、お客さまが店内に入られてから約1分である。この僅か1分で店の評価が決まるということは、身だしなみ一つからでも店は大きく変化するということである。

さあ！　身だしなみの基準を明確にし、そのことを全員に徹底することで、店の第一印象評価を高めよう！

事例2

出された料理が冷めていた……

今日は、都内にある店で日替わりランチを注文した。たいへん残念だが、提供された料理は冷めている上に、表面が乾いてパサパサになった商品である。

オープンキッチンで厨房の中が良く見えるので、中を覗いてみると、揚げ物は揚げだめしており、ガロニはすでに盛られていて、皿が高く積み上げられている。

まだお昼のピークには15分近くあるというのに、厨房の中は完全に早く出すことだけに専念している。オペレーションを見ていて、10年以上前のことを思い出す。10年以上前は、黙っていても売れていた時代である。そんな時代には、よく見かけたオペレーションの光景だが、そんなオペレーションをいまだにやっていることへの驚きもあった。このオペレーションを見ることで、この店のお客さまが少ない原因も理解できる。結局、この店、ランチピークもなく営業が終了している。

この事例から学ぶこと

おいしさの基本は、作りたて、揚げたて、焼きたて、炊きたてである。おいしい料理を出してこそ、繁盛店への道である。

もちろん、ランチタイムだから、早くお料理を提供することは重要なことだが、その前に、おいしい料理を提供しなくてはならない。おいしい料理をお客さまにお出ししてこそ、お客さまの満足を得ることにつながることを忘れるな。

まとめ

この事例の解決策

ランチタイムという限られた時間で、多くのお客さまにおいしい料理を、それもスピーディーに（一般的な店で6分〜8分で）提供しなくては、売上高の機会損失を招くことは避けられない。ただ、提供する料理がおいしくなくては、それ以前の問題になる。

そこでランチタイムのオペレーションをスムーズに行うために、ある程度のスタンバイ（仕込み）は必要になる。それは、仕込みの必要な食材と、その食材の数を把握した上で、さらに品質が劣化しないように、保管にも注意したスタンバイ作業になってくる。この事例の場合は、スタンバイ作業というよりも事前調理に近い状態である。

★お客さまの満足の第一は、おいしい料理の提供★

我々には、ご来店いただいた全てのお客さまの満足に対する責任がある。そして、その責任の第一は、最高の状態でお料理をお出しすることである。これは食べ物屋として当然のことで、商品こそ生命であることを忘れるな。

事例3

従業員同士が雑談ばかりしている!

店に入っても、なかなか案内に来ないので店内を見渡してみると、従業員同士が私語・雑談を交わしている。しかたなく「すいません!」と声をかけて、席に案内をしてもらった。

次に料理を注文しようとメニューブックを閉じたが、今度は、その店の従業員は空想とぼんやりの状態で、全く私に気付いてくれない。しかたなく、また「すいません!」と声をかけるありさまである。もちろん、料理は提供されたが、食事中も食後も、その店の従業員からはお冷やのサービスひとつ来ない状態だった。

この事例から学ぶこと

この店は、働く人たちの緊張感も、お客さまに対する気遣いも全くない状態である。だから、従業員同士の私語や雑談、それに空想やぼんやりが出ている。

ただ、このような店はよく見かける。この問題は、お客さまが少ない時間帯だからといった問題ではない。良い店とは、いつ行っても、誰と行っても、常に良い状態である。

まとめ

この事例の解決策

まず、一つは、お客さまの数と働く店の人の数がアンバランスになっているために、その時間に店で働いていても仕事が無く、私語や雑談になってしまう原因がある。お客さまの数と、働く店の人の数は常にバランスを取ることが大切になってくる。しかし、予測した通りのお客さまがご来店しない場合もある。そのような場合には、掃除などの仕事をすればよいのだが、それには店の決まりごとや、店長の作業指示が無いとなかなかできない。

次に、店長の従業員への躾である。それは、店で「やってほしいこと」と「やってほしくないこと」を明確にして、店長が明言することだ。

★「やってほしいこと」、「やってほしくないこと」を明言しよう！★

躾は、その人の人間性や性格の問題ではない。あくまでも行動の問題である。つまり、問題となる事実について「やってほしいこと」と「やってほしくないこと」を明らかにしながら、そして、伝えればよい。

言わないことは楽かもしれないが、言わないことで「やってほしくないこと」を認めることになる。

事例4

忙しい時間なのに、働く人が皆、元気で丁寧!!

今日はラーメン激戦地区の東京・池袋で、大繁盛店のラーメン店に入った。お昼も過ぎた3時だというのに、店にも入れないお客さまが20人ほど外で待っている。約2時間その店を見たが、一度もウエイティングが切れることはない。そこで、店の人に話を聞いてみると、深夜になってようやく少しアイドルタイムがあるという。驚いたことは、働いている人の元気な姿と、そして丁寧な仕事である。忙しくても誰一人として、疲れた顔や嫌な顔がなく、仕事も一杯ずつ丁寧に仕上げている。

この事例から学ぶこと

この店は、忙しい時間でも仕事は丁寧で、働くみんなも活き活きと一生懸命に働いている。そんな元気さと、働くみんなの一生懸命な姿も、十分にこの店の魅力になっている。しかし、逆の店も多くある。それは、忙しい時間帯になると、仕事が雑になり、忙しいことへの喜びが、逆に忙しいことへの不満になり、そして、そのことが嫌な顔として出る店のことである。これだから、店が営業不振なる。このような状態を続けていってダメになっていった店をいくつも見てきた。

まとめ

この事例の導入法

お客さまが来なくて悩んでいる店長も多いと思うが、しかし、本当にお客さまが来ないのか、逆に、自分達でお客さまを減らしているのかを考えなくてはならない。特に忙しい時間帯の一つひとつの仕事や、店で働く従業員の姿勢は、直接お客さまの満足度を決定している。せっかく、多くのお客さまに来ていただいているのだから、最高のお料理と、最高のおもてなしで、全てのお客さまをお世話しなくてはならない。

そのためには、店で働く一人ひとりの仕事の能力を高めることと、お客さまの満足を得るための働く基本姿勢を教えなくてはならない。

それは、常日頃の店長自身の仕事へのこだわりと、働く基本姿勢である。店長のそんな働く後ろ姿が、店の良い伝統となって広がるのである。

★店長の働く後ろ姿が、みんなに伝わる★

店のQ・S・Cのレベルや、店内の雰囲気は、店長の常日頃の仕事へのこだわりや、働く基本姿勢で決まっている。店の人たちは、いつも店長の後ろ姿を見ながら働いている。つまり、店で働いているみんなの仕事ぶりは、自分自身のミラーイメージだということを忘れるな。

事例5

呼んでも従業員が来てくれない……

今日は、今流行の外装と内装の凝った店に行った。人気のある店ということもあり、やはり大変な混みようで、入口で「最低30分待ちですがよろしいですか？」と尋ねられたが、来てしまったので申し込んで待つことにした。それから待つこと約35分で、ようやく席に案内された。

店内はおしゃれで、照明が暗く、客席は個室で落ち着いた感じは十分である。気を取り戻し、さて注文しようとしたが、なかなか従業員が来てくれない。呼びベルがあるかと思いきや、呼びベルもない。しかも、この店は、呼んでも来ない店だった。どうにか従業員を目で追いながら呼び、一度に多くの注文をした。そうでもしないと、二度とこの席に来てくれそうにもないと感じたからである。

この事例から学ぶこと

当然だが、お客さまは、店の人に来て欲しい時に来てもらいたいものである。この店のように、来て欲しい時に来てもらえない店では、店そのものの存在価値すらなくなってしまう。いくら流行の外装や内装、それに個室スタイルや照明にしても、お客さまの真の満足を得ることがなければ、店が繁盛することはない。一度目は来ていただけても、二度目・三度目のご来店がなくなってしまう。もし、お客さまに二度目・三度目のご来店をしていただこうと考えるのであれば、中身で勝負しなくてはならない。

まとめ

この事例の解決策

接客サービスの本質は、お客さまのいろいろなご要望に気付き、素早くお応えすることにある。特にファーストオーダーや、セカンドオーダーには気遣いが大切である。そこで、お客さまのご注文にタイミングよく対応できるようにすることが重要になってくる。

そのためには、接客を担当する人の気付きと判断の訓練が一番だが、他には呼びベル等の導入もある。お客さまの方も、呼びベルに対して違和感はないし、逆に、来てほしい時に来てもらえる安心感が生まれる。呼びベルの導入により、お客さまに対する気付きと判断は弱くなるが、呼ばれたときには元気よく対応すればお客さまには十分ご満足していただける。

★お客さまに呼ばれたら最優先で対応しよう！★

お客さまに呼ばれたら、「ただ今お伺いします」と明るく元気よくあいさつをし、素早くお客さまのご要望に対応しなければならない。だから、例え、どんなに忙しくても、嫌な顔や暗いあいさつは決してしてはいけない。みんなの明るく元気なあいさつでお客さまは満足するのである。

事例6

儲かってこそ商売!

今日は和食のファーストフード店で天丼を注文した。この店はよく利用するが、何時も裏切られることはない。また、店はいつもきれいに掃除されているし、従業員も元気があってたいへん感じが良い店である。そして、なによりも商品のバラツキが少なく、価格に対するお値打ちも十分にある。

一見、何も問題の無い店だが、一つだけ、いつも気になることがある。それは、小さな店にいつも5人もの接客員がいること。どう見ても、3人いれば十分に事足りると思うのだが、いつも必ず5人いる。このような状態をムダと言う。

この事例から学ぶこと

店長の仕事は、ご来店いただいた全てのお客さまに満足をしていただくことで最大限の売上高を達成すると同時に、売上高に見合う経費を使うことで最大限の利益を達成することである。人を多く投入することで、お客さまにきめの細かいサービスを行うことは大切だが、収益構造のバランスが問題である。

この店の場合、多くの人を投入することでお客さまの満足を得ることはできているが、売上高に見合う利益は十分ではない。

何より、多くの人員でオペレーションをすることに慣れてしまい、一人ひとりのスキルアップと生産性の向上が難しくなっている。

まとめ

この事例の解決策

商売は適正に儲かってこそ、本当の商売と言える。いくらお客さまの満足を得ることができても、店が儲からなくてはどうしようもない。

店長マネジメントの２本柱にオペレーションとコストコントロールがあるのもそのためである。それは良いオペレーションを行うことで最大限の売上高を達成し、同時に、良いコストコントロールを行うことで最大限の利益を達成することができるからである。

★お客さまが得をし、お店が得をする。これが商売！★

お客さまが得をする店を繁盛店と言う。逆に、お客さまが損をする店を不振店と言う。

そして、お客さまが得をし、店も得をするような適正利益を達成してはじめて商売と言う。適正利益とは、そんなお客さまと店が共に喜べる利益のことを言う。

事例7

最初の飲み物も、料理もなかなか出てこない……

今日は、素材を売り物にしている居酒屋にいる。店内は個室スタイルで落ち着いた感じがあり、あたいへん雰囲気の良い店である。また、働いている従業員も、みんな元気があって、とても笑顔が素敵な店である。これは店長の店の人に対する教育訓練と、動機付けの成果だと判断できる。良い気分でドリンクと合わせて料理も何品か注文し、出てくるのを待つことにした。

しかし、これがいくら待てども何も出てこない。しかたなく催促しようかと思った時にドリンクがサービスされ、それから5分後に料理の方も一品づつ提供され出した。なんとファーストドリンクがサービスされるまでに15分かかり、お料理の方は20分から30分である。

この事例から学ぶこと

この店、第一印象がたいへん良い状態だが、結果は、お客さまの満足を得ることができていない。これでは格好ばかりで、中身のない店である。お客さまはおいしい料理と、そして、良いおもてなしがあってこそ満足する。そのおいしい料理とは、サービスされるまでの提供時間と、そして、その商品そのもののおいしさである。

この店、もっと料理をしっかりしないと、今少しばかりお客さまが入っているからと喜んでいると、後でたいへんなことになる。

まとめ

この事例の解決策

良い商品作りは、店舗での調理技術の向上と、キッチンオペレーションの仕組みづくりになってくる。この店の場合、キッチンの調理技術が圧倒的に不足しているように推測される。そのためには、一品一品を正しく、早く、そして丁寧に作れるように全員にトレーニングすることである。ホールの接客トレーニングも大切だが、それ以上にキッチントレーニングを確立しなくてはならない。

★良いお店、良い商品、良いおもてなしの調和★

良い店、良い商品、良いおもてなし、この3つが揃ったときに、お客さまに二度目・三度目のご来店がいただける。二度目・三度目のお客さまが増えてくると店が繁盛する。Q・S・Cの調和こそが何より大切である。

Q・S・Cの調和

※Q・S・Cが調和してはじめてお客様の満足を得ることができます

事例8

店の人がみんな、イキイキしている！

今日は、あるファミリーレストランに入った。料理が提供されるまでの間、店内を観察したが、店の人達はたいへん良く教育されており、動きもテキパキとお客さまに丁寧に対応している。料理の方も10分で提供され、ボリュウム・おいしさ共に十分に満足できるレベルである。この店を見て一番に感じることは、店の人たちが、みんな元気があってイキイキと働いている点である。

この事例から学ぶこと

働くみんなが元気でイキイキとした姿は、店長に対するみんなの信頼から来ているものと判断できる。店によっては、店長がいることで、みんなが嫌々働いている店さえある。

店長の存在価値とは、みんなに安心して働いてもらえる店にすることである。みんなが安心して働けるから、お客さまに良いおもてなしができるのである。そのためには、普段から店の人達と仕事のコミュニケーションを取ることである。そんな店長としての仕事が、働くみんなからの信頼につながり、そして、店を繁盛店へと導くのである。

まとめ

この事例の導入法

コミュニケーションは、店長として仕事で成功する上で欠かすことのできない重要なスキルである。しかし、そのコミュニケーションは抽象論や精神論でとらえるのではなく、具体的な方法論で考えなくてはならない。特にトレーニングに対するコミュニケーションと、仕事の評価に関するコミュニケーションは重要になってくる。

★4つのコミュニケーションスキルを身に付けよう！★

コミュニケーションの内容には、大きく分けて4つある。その4つとは、
①目標を明確にするコミュニケーション。
②仕事を教えるコミュニケーション。
③仕事を評価するコミュニケーション。
④躾を行うコミュニケーション。
この4つのコミュニケーションスキルを磨くことが店長には何より大切である。仕事の話しかできなくとも、仕事の話が一生懸命にできれば、店は必ず良くなる。

事例9

カウンター内のキッチンが、ピカピカ

今日は、オープンキッチンのレストランでランチを取っている。カウンターが空いていたので、カウンターに座りながら、キッチン内のクレンリネスの状態とコックさんの作業を観察した。

厨房内はたいへんきれいで、ゴミ一つなくピカピカの状態である。働いているコックさん達の仕事ぶりを観察すると、みんな手待ちな状態が発生するとダスターを片手に厨房内のありとあらゆるところの掃除に取り掛かっている。まさしく良いオペレーションを働く全員で実践している店である。

この事例から学ぶこと

この店は、良い作業の伝統が受け継がれている。つまり、良い作業が習慣化し、そして、その良い作業が次の人へと受け継がれている状態である。このような店は、新人の人たちの育ち具合も全く違ってくる。それは、新人の人たちが先輩の仕事ぶりを見て仕事を覚え、そして、自らも先輩と同じ仕事ぶりをしようとするからである。

こんな状態を築けば、店長が代わっても、びくともしない店になってくる。

まとめ

この事例の導入法

良いオペレーションのできている店の共通点は、良い作業が習慣化していること。老舗と言われる店は、その良い作業が伝統として店に根付いている状態になっている店のことを言う。

実は、店長が本当にしなくてはならない仕事は、何か一つでもよいから、そんな良い作業の習慣化で、永遠にその店の伝統になるような仕事を残すことである。

★店長の仕事の本質は、店の良い伝統づくり★

学校や職場には、必ず伝統と言ったものがある。その伝統には、良い伝統もあれば、逆に、悪い伝統もある。良い伝統は受け継ぎ、逆に悪い伝統は改めなくてはならない。

これが店長の真の仕事になってきくる。

事例10

毎年恒例のスマイルキャンペーンだけど……

毎年4月ごろになると、どういう訳かあちらこちらでスマイルキャンペーンを行っている。たぶん、新人の人たちが多く入ってくる時期だからだと思う。しかし、本当にキャンペーンが実行に移され、その結果として店のレベルが高くなり、お客さまへの満足度を高める対応ができている店は少ない。それは、課題が単にスローガンになっているからである。

この事例から学ぶこと

これは何もスマイルキャンペーンに限ったことではない。その他、多くのキャンペーンも、店の課題も、店長の掛け声で始まり、そのうち、その掛け声も無くなっているのを多く見てきた。

つまり、キャンペーンや店の取り組む課題についての掛け声はするが、その後の具体的な取り組みが全く無い状態である。そして、その掛け声が無くなるのと同時に、キャンペーンや店の課題も忘れ去られるといったことである。

店の人たちも慣れたもので、最初の掛け声のときだけ一生懸命に頑張るが、後は、次第に店長がそのことを言わなくなるのを待って、元の状態に戻るだけである。

まとめ

この事例の解決策

これは、何も店で働く人が悪いわけではない。店の人たちにとっては、何を、いつまでに、どうのようにするのか。そして、その後はどうなるのかが伝えられていないから、働きようがないのである。

一番の問題は、キャンペーンや店の課題を具体的にせず、単なるスローガンに終わらせ、そのスローガンも途中から言わなくなる店長にある。

大切なことは、一つずつ確実に取り組み、そして成果を挙げてゆくことである。そのためには、キャンペーンや全ての取り組み課題は、具体的な目標を設定し、次に、具体的な行動計画で表現し、そして、確実に実行に移すことである。

★具体的な目標設定と行動計画が、キャンペーンの成果に★

中途半端な取り組みや、単なる掛け声では、成果を得ることも、店を良い方向へと導くこともできない。良い成果を挙げるためには、具体的な目標の設定と、そして、その目標を達成するための行動計画が必要になる。

つまり、ゴール（目標）を決め、そのゴールに到達するためのマップ（行動計画）をしっかりとつくり、そして、決めたことを、トコトン実行することだ。

事例11

席から見えるところに、汚れやほこり、山積みダスター……

朝食にコーヒーショップレストランに入った。この店、たいへん暗い感じの店である。原因は、店で働く人たちに元気なあいさつが無いのもあるが、店を一番暗くしているのは、店の掃除と、整理整頓の状態にある。

ガラスの汚れに、壁の汚れ、それに空調の噴出し口のほこりといった具合に、店内の掃除がほとんどできていない。また、至る所にいろいろな物が放置されたままになっている。カウンターテーブルに座ると、カウンターの内側にお客さまの忘れ物と思われる傘にタオル、それにタバコやライターが山積みになっている。さらには、正面のテーブルの上には、ポスターやプレミアムグッズ、それにダスターが散乱している状態である。

この事例から学ぶこと

この店の人たちの様子から判断すると、汚れていたり、ダスターが放置されている状態が当たり前になっている感じがする。つまり、今日に限ったことではないということである。

こんな店の状態が、店内を暗く感じさせている。明るく、そして、感じの良い店にするためには、まずは店の掃除、それに、いろいろな物の整理整頓をしなくてはならない。店の悪い習慣が、働く人たちの元気と、そして気付きまでも弱くしている。

まとめ

この事例の解決策

良い店の共通点のひとつに、店内の良い整理整頓の状態がある。整理整頓を完璧に徹底するだけでも、店は確実によくなる。

もちろん、整理整頓の徹底ひとつで全てが解決する訳ではないが、物事ひとつ徹底できないようでは何もできない。そのためには、整理整頓も徹底して行わなければならない。

まずは、必要なものと不必要なものを分け、そして、不必要なものは、例え紙一枚でも処分し、次に、全ての管理場所を決め、必要なものを必要な場所に置くことである。

★整理整頓と定品・定量・定位置は、全ての仕事の基本★

2S（整理整頓）と3定（定品・定量・定位置）の管理が仕事の基本になる。この2Sと3定は、全ての仕事に関する基本である。また、3定は、在庫品に関する管理手法のことで、一つひとつの商品について、定品・定量・定位置で管理するというものである。つまり、一つひとつの在庫品について、決められた商品を、決められた量、そして、決められた場所に保管するということである。店を良くするためにも、先ずはこの2Sと3定の徹底を図ることである。

事例12

朝8時半に駐車場に入るのに待つ行列が……

今日は朝一番で、あるガーデンベーカリーショップに入った。

この店、朝の8時半には既にピークタイムを迎えており、駐車場に入れないで道路で順番を待っているお客さまもいる。

特に立地が良いという訳ではなく、逆に、産業道路から少し入った生活道路の目立たない立地である。また、店は小さく、駐車場も10台しかない状態で、決して恵まれた条件ではないが、多くのお客さまにご来店いただいている。

この事例から学ぶこと

この店、商品が魅力的なことは言うまでもないが、なんと言ってもオペレーションが素晴らしく、働く人たちのチームワークが良い。

それは、この小さな店を最大限に活用するために、ピークタイムに配置した駐車場係である。駐車場で機会損失を出したのでは、せっかくご来店いただいたお客さまに二度と来ていただけなくなってしう。

次に、品揃え。その点、この店は製造と補充が完璧に連携が取れており、常に売り場は魅力的な状態である。品揃えは、その店の魅力度を決定する。

最後に、レジのオペレーション。2台のレジをフル稼働で動かすために、レジ係を常に一人がサポートしている。これで、スムーズなレジオペレーションを実現している。

まとめ

この事例の導入策

お客さまの満足と感動が繁盛店への道のりである。

この店のように立地条件が良くなくても、良い商品があり、そして、それを表現できる人がいれば、必ずお客さまに来ていただける。店は、働くみんなの力がどれだけ結集するかで決まる。そのためには、働く一人ひとりが自分の仕事の役割を理解し、そして、みんなと連携をとることである。当たり前のことだが、お客さまから選ばれる店が繁盛店になる。そのためには、お客さまが支払った金額の何倍もの価値をお客さまに感じていただくことである。

★商品で、おもてなしで、お客さまを感動させる店が繁盛店になる★

ひと昔前までは、繁盛店になる条件の一つに、一に立地、二に立地、そして三番目も立地という考えがあった。しかし、今では、立地に関係なく繁盛店が生まれている。逆に、たとえ、立地が良くても営業不振な店もたくさんある。

お客さまは、商品に感動し、店の人たちのおもてなしに感動し、そして店の雰囲気に感動するから、例え少しばかり不便なところでも再度来てくれるのである。また来てくれるお客さまが増えるから、店が繁盛するのである。

社員への
ショートメッセージ

■根幹は思想！

現場は常に社是とモットーを確認しながら動いている。

大切なことは、その社是とモットー、つまり、「店が社会に対してどういう形で貢献していくのか」ということを働く全員が正しく理解し、そして、そのことを店舗オペレーションで表現していくことである。

■お客さまの立場になって！

我々の仕事は、部下を通して社是とモットーを表現するという共通した大きな任務がある。そのためにはまず、お客さまの立場で物事を考えることである。

その、お客さまの立場とは、店の状態が社是とモットーに合致しているかどうかを確認することである。

■生きたノウハウの蓄積を！

結論から先に言うと、共通の社是とモットーの下、価値観を共にした目標を達成するための手段はたくさんあっていいと考える。大切なことは、その選んだ道をどんどん共有していくことである。この道を何千何百持てるかが、一番大切な生きたノウハウになってくる。

■高い理想と、それを実現する技術力！

高い理想が掲げられ、それを自分の力で到達していく喜びを味わうこと、これが何より大切である。目標を自らの築いた技術力で到達した時に、本当の仕事の喜びがある。理想は上にいく程高く、技術力は下にいくほど優秀でなければならない。

■コミュニケーションは、基本とフィードバック！

コミュニケーションは、店で働いている人たちの仕事ぶりや出勤状態、それに、あいさつの仕方などの様子から、やってほしいこと、やってほしくないことを伝えることが基本である。また、仕事が上達していることに対するフィードバックも大切なコミュニケーションになる。この一つひとつの積み重ねが、店を活性化してくれる。

■100％達成を目指せ。最後の1％も怠るな！

我々の仕事には、99％までできていても、最後の1％を怠ればゼロになってしまうことがたくさんある。ルールや決め事を徹底するということは、当然、やってはならないこと、やらなければならないことを言い続けることである。

だから、最後の1％を怠れば、すぐに元に戻ってしまう。ルールや決め事は必ず100％達成を目指せ。

店長への
ショートメッセージ

■ワークスケジュール表を教えろ！

ワークスケジュール表の作成は店長の一番大切な仕事である。なぜなら、ワークスケジュール表の作成時に想定しなくてはならないのが、人の数と能力から得られるお客さまの満足だからである。これは店長が絶対にやらなければならない仕事である。

■勤務評価！

これからの時代、何より一人ひとりの勤務評価が重要になってくる。つまり、一人ひとりの仕事ぶりを見て、相手の不足点を発見し、追加の教育訓練をすることである。印象評価では人は絶対に育たないし、何よりみんなを納得させることができない。職務に応じたパフォーマンスレビューが必要になってくる。

■真のナショナルチェーンとなるには！

社是やモットーがしっかりと受け継がれ、そして、店舗オペレーションで表現できる人材が育つことが、真のナショナルチェーンになるための条件である。

つまり、お客さまの満足を得る良いオペレーションと、適正な利益を得ることができる良いコストコントロールができるようになることである。このオペレーションの統一とコストコントロールの統一が、会社とお客さま、そして、部下からの信頼関係につながり、さらには、看板の信頼を高めてくれる。

■料理で勝つ!

我々はあくまでも食べ物屋である。つまり、食材を含めた料理で勝った時に、初めて「勝った」という言葉を使える。特に、看板商品では、絶対に競合他社より劣ってはならない。おいしい料理、お値打ちな価格、そして、お待たせしない接客サービス、これができて、はじめて強い店になってくる。

■看板に偽りなし!

店が成功するための第一の要件は、お客さまが安心して利用できる店にすることである。その安心とは、メニューの内容・品質・サービス、そして、店の雰囲気が、どの店に行っても、いつも同じ状態にあるということである。

幹部への
ショートメッセージ

■仕事の目的は1つ「お客さまの満足を得ること」！

外食産業界も市場が成熟し、大競争時代を迎え、まさに生死をかけたサバイバルな時代に突入した。その結果、過去に例をみない企業間格差が発生している。

当たり前だが、選択権は常にお客さまにある。つまり、お客さまに選ばれた店だけが残り、お客さまに選ばれなかった店は、生き残ることはできないということである。

そこで、何よりも大切なことは、お客さまから選ばれる仕事をすることである。私たちの仕事の目的もただ一つ、「お客さまの満足を得ること」である。この仕事の目的が成し遂げられてゆくとき、お客さまの数が増え、そして、確実に大きな成長を遂げることができる。そのためには、常にお客さまの立場で考え、そして、お客さまの立場で行動することである。

■これからのマネジメント！

我々にとってのノウハウの構築とは、商品力と店舗マネジメント力を高めることである。これが競争優位性を高める最良の方法になる。特に店舗マネジメント力は、人材育成に直結し、他社が簡単に真似をすることはできない。

外食産業で一番欠けているのが、この店舗マネジメント力だからである。その店舗マネジメント力の基本は、良いオペレーションと良いコストコントロールの実践である。このマネジメントをスムーズに行うために、全ての業務をオモテ化し、見える化している。

また、ワークスケジュール表を中心とした各種マネジメントツールも必要になる。この道具を正確に使いこなすことも、店舗マネジメントには欠かせない。これからの企業格差は、そんな店舗マネジメント力の格差になり、人材育成の格差になってくる。

■変化を生むための会議と研修を！

我々ビジネスマンの会議研修とは、何を学んだ・何を聞いたかではない。大切なことは、新たに得た情報や知識を生かして、いかにして何を変化させたかで、その開催した会議や研修の評価が決まる。

つまり、会議や研修に参加した以上は、以前と違った良い結果を生み出すことに大きな意義があるという訳である。

「みなさんの活躍に期待する！」

著者紹介

五十嵐《イガラシ》　茂樹《シゲキ》

1954年　福井県生まれ
大学を卒業後、1980年㈱ロイヤルで店長・エリアマネジャー・営業部長・教育部長を歴任し、その後1994年㈱アレフで営業統括として「びっくりドンキー」の全国展開を指揮する。2002年には㈱五十嵐マネジメント・サポートを主宰し、多数の企業再生を手掛けた後、それまでの経験を下にプロ経営者としての道を歩む。
2005年㈱ジャパンフードシステズ代表取締役社長（タパス＆タパス）、2008年㈱コロワイド東日本代表取締役社長（甘太郎・北海道等）、2012年㈱ダブリューピィージャパン代表取締役社長（ウルフギャングパックカフェ）・㈱レインズインターナショナル代表取締役社長（牛角・温野菜・土間土間等）、2014年カッパ・クリエイト㈱代表取締役社長（かっぱ寿司）を手掛けた後、2016年7月よりフリーランスとして、再び企業再生への道を歩みだす。

飲食店で働く人たちへ　1分間メッセージ

店を伸ばす
自分を磨く
仕事のやり方

発行日　2017年1月31日　初版発行

著　者　五十嵐茂樹《いがらししげき》

発行者　早嶋　茂
制作者　永瀬正人
発行所　株式会社旭屋出版
東京都港区赤坂1-7-19キャピタル赤坂ビル8階　〒107－0052
電　話　03－3560－9065（販売）
03－3560－9066（編集）
FAX　03－3560－9071（販売）

旭屋出版ホームページ　http://www.asahiya-jp.com
郵便振替　00150－1－19572

デザイン　小森秀樹（株式会社スタジオゲット）

印刷・製本　株式会社シナノ

ISBN978-4-7511-1259-5　C2034